Wandern in den Pyrenäen

Susanne Lipps

DUMONT aktiv

Inhalt

Bitte schreiben Sie uns, wenn sich etwas geändert hat!
Alle in diesem Buch enthaltenen Angaben wurden von der Autorin nach bestem Wissen erstellt und von ihr und dem Verlag mit größtmöglicher Sorgfalt überprüft. Gleichwohl sind – wie wir im Sinne des Produkthaftungsrechts betonen müssen – inhaltliche Fehler nicht vollständig auszuschließen. Daher erfolgen die Angaben ohne jegliche Verpflichtung oder Garantie des Verlages oder der Autorin. Beide übernehmen keinerlei Verantwortung und Haftung für etwaige inhaltliche Unstimmigkeiten. Wir bitten dafür um Verständnis und werden Korrekturhinweise gerne aufgreifen:

DuMont Buchverlag, Postfach 10 10 45, 50450 Köln
E-Mail: reise@dumontverlag.de

Wandern in den Pyrenäen

Wandersaison

Für Hochgebirgswanderungen ist die günstigste Zeit der Sommer (Juni bis September), wobei man in den französischen Pyrenäen nach Möglichkeit die Ferienmonate Juli und August meiden sollte. Bis Anfang Juni und ab Ende September ist mit Schnee zu rechnen. Frühjahr und Herbst sind ideale Zeiten für Wanderungen in tiefergelegenen Gebieten; während der Sommermonate kann es dort extrem heiß werden.

Anspruch

Drei Schwierigkeitsgrade werden in diesem Führer unterschieden: leicht (+), mittelschwer (++) und anspruchsvoll (+++). Während leichte Wanderungen keine besonderen Anforderungen an die Kondition stellen, sind bei mittelschweren und anspruchsvollen Wanderungen auf relativ kurzer Strecke mehr oder weniger große Höhenunterschiede zu überwinden. Diese sind zusätzlich angegeben. Vielfach ist Trittsicherheit auf schmalen, steinigen Pfaden Voraussetzung, in wenigen Fällen auch eine gewisse Schwindelfreiheit. Sollte die Orientierung nicht einfach sein, wird dies ebenfalls erwähnt.

Gehzeiten

Bitte beachten Sie: Alle in diesem Wanderführer aufgeführten Zeiten verstehen sich als reine Gehzeiten. Rechnen Sie bei der Planung einer Tour noch etwa ein Fünftel bis ein Viertel der Zeit hinzu, um Pausen für die Rast oder zum Fotografieren, Abstecher oder schlimmstenfalls ein Verlaufen zu berücksichtigen. Auch ein Wettersturz, abgerutschte Wege oder angeschwollene Bäche können die Wanderzeit erheblich verlängern!

Wege und Markierungen

Halbtages- oder Tagestouren sind in den Pyrenäen in der Regel nicht als solche im Gelände gekennzeichnet. Nur vereinzelt finden sich Hinweisschilder. Durchgehend markiert sind lediglich Fernwanderwege, die von den beschriebenen Touren teilweise berührt werden.

Ausrüstung

Feste, möglichst wasserdichte Wanderstiefel (Trekkingstiefel) sind für alle Wanderungen unbedingt empfehlenswert. Bei Bergwanderungen sind Teleskopstöcke nützlich, die vor allem beim Abstieg die Gelenke entlasten. Regen- und Sonnenschutz sollte man immer dabei haben.

Wanderkarten

Alle bei den Tourenbeschreibungen genannten Karten sind vor Ort in Andenken- und Sportgeschäften, Zeitschriftenläden usw. erhältlich, können aber auch über den deutschen Buchhandel bezogen werden.

Bergrettung

Im Falle eines Unfalls wendet sich die Begleitperson an die nächstgelegene bewirtschaftete Berghütte oder an den Polizeiposten im nächsten Ort. In den Zentralpyrenäen, vor allem im Bereich der Nationalparks und in der Nähe der wichtigen touristischen Zentren, funktioniert die Bergrettung gut. In entlegenen Gebieten kann es dagegen schwieriger werden, Hilfe zu organisieren.
Polizei: ✆ 17 (Frankreich), ✆ 112 (Spanien)

Öffentliche Verkehrsmittel

Nicht alle Ausgangspunkte der Wanderungen sind mit öffentlichen Verkehrsmitteln zu erreichen. Während die Touren in den höhergelegenen Regionen insbesondere der Zentralpyrenäen eher für Wanderer mit eigenem Pkw geeignet sind, ist das Bus- und Bahnliniennetz in den westlichen Pyrenäen (Baskenland) sowie im Ostteil des Gebirges (Andorra, Roussillon, Katalonien) recht gut ausgebaut.

SYMBOLE IN DEN KARTEN

- Gasthaus, Berghütte (bewirtschaftet)
- Schutzhütte, Unterstand (unbewirtschaftet)
- Kirche
- Kapelle
- Kloster
- Burg, Schloß
- Aussichtsturm
- Ruine
- Denkmal, Monument
- Wegkreuz, Wegweiser
- Rastplatz
- Höhle
- Wasserfall
- Quelle

Zeugen uralter Gletscher

Gletscher der letzten Eiszeit bedeckten bis vor 15 000 Jahren weite Teile des Gebirges. Heute ist dies kaum noch vorstellbar, da die Pyrenäen so gut wie nicht mehr vergletschert sind. Gerade einmal 10 km^2 erreicht die Eisbedeckung gegenüber immerhin 400 km^2 in den Alpen. Doch verdanken die zahlreichen kleinen Seen, gezackten Gipfel, steilen Talschlüsse und Wasserfälle, die den besonderen Reiz der Hochgebirgsregion ausmachen, ihre Entstehung einzig der Wirkung der eiszeitlichen Gletscher.

Die Gletscher paßten sich den bereits vorhandenen Talzügen an. Nie war das Gebirge vollständig von Eis bedeckt, stets ragten die höchsten Gipfel heraus. Firnschnee konnte sich nur am Fuß dieser Erhebungen sammeln. Im Laufe vieler Jahre verdichtete er zu Eis und begann zu fließen. Diese Gletscheranfänge nennt man **Kare.** Langsam fließendes Eis vertiefte den Karboden immer mehr, bis eine Senke entstand, in der sich später, nachdem der Gletscher abgeschmolzen war, ein See bildete. Hunderte solcher **Karseen** gibt es in den Pyrenäen. Bedingt durch Klimaschwankungen verschwanden während des Eiszeitalters die Gletscher mehrfach und bildeten sich später erneut. Diese Prozesse sowie Unterschiede in der Widerstandsfähigkeit des Gesteins gegenüber der Erosion ließen vielerorts Kartreppen entstehen. Mehrere Karseen sind dabei durch Felsstufen getrennt, über die Bäche, welche die Seen miteinander verbinden, als Wasserfälle stürzen.

Oberhalb der Karregion lag während der letzten Eiszeit ein Gebiet steiler Wände und Grate. Diese wurde durch ständige Abwitterung von Gesteinsbruchstücken, deren Abtransport durch den Gletscher erfolgte, frisch und steil erhalten. Heute ist diese Gipfelwelt der allmählichen Zerstörung ausgesetzt. Am Fuß der steilen Hänge türmen sich Schutthalden, und es fehlt der Gletscher, um die Felsbrocken abzutragen.

Die kurzen **Täler** der Pyrenäen zeichnen sich durch ein besonders starkes Gefälle aus, sind sehr tief und steilwandig. Von den Gletschern zu breiten **Trogtälern** ausgeformt, enden sie oft in amphitheaterförmigen Talschlüssen. Wasserfälle stürzen dort Hunderte von Metern in die Tiefe.

Die häufig auftretenden, eigentümlichen Verflachungen an den Talhängen oberhalb der Trogwände konnte man sich lange Zeit nicht erklären. Seit alters her werden sie, ihrer Form entsprechend, als **Trogschultern** bezeichnet. Heute nimmt man an, daß es sich um Reste einstiger Talböden handelt, in die sich der Fluß nachträglich um Hunderte von Metern eingeschnitten und dabei ein viel engeres als das heutige Tal geschaffen hatte. Der nachfolgende eiszeitliche Gletscher konnte die Verflachungen am Hang nicht vollständig abschleifen. Trogschultern sind oft besiedelt und werden intensiv landwirtschaftlich genutzt, da sie durch ihre sonnenexponierte Lage klimatisch begünstigt sind.

Boums du Port

Nationalparks von ihrer schönsten Seite

Schon 1918 wurde auf spanischer Seite, im Tal von Ordesa, der erste Pyrenäen-Nationalpark geschaffen. Vorrangiges Ziel war es damals, den Pyrenäen-Steinbock, der hier sein letztes Refugium gefunden hat, vor dem Aussterben zu bewahren. Der vollständige Name des Parks lautet, nachdem er 1982 von ursprünglich 21 km^2 auf 156 km^2 erweitert wurde, **Parque Nacional de Ordesa y Monte Perdido.** Große Teile des Massivs um den Monte Perdido (3355 m) mit den vier Tälern Valle de Ordesa, Cañón de Añisclo, Garganta de Escuain und Valle de Pineta stehen inzwischen unter Schutz. Um die Zentralzone wurde ein Peripheriegebiet von 196 ha Größe eingerichtet, in dem althergebrachte Landnutzung in Einklang mit den Schutzbestimmungen des Nationalparks betrieben wird. Schließlich werden die umliegenden Gemeinden finanziell gefördert, um die – in Aragón zu einem Problem gewordene – Abwanderung der Bevölkerung aufzuhalten und Kultur, Tradition und ursprüngliche Wohnformen der Gebirgsbewohner zu bewahren.

Unmittelbar nördlich verläuft auf französischer Seite der 1967 gegründete **Parc National des Pyrénées** mehr als 100 km an der Grenze entlang, erreicht aber nur eine Breite zwischen 1,5 und 15 km. Mit 457 km^2 ist er der größte der drei Pyrenäen-Nationalparks. Im Park ist zwar keine Besiedelung zugelassen, doch duldet man in eingeschränktem Ausmaß weiterhin Weide- und Forstwirtschaft, um die Gewohnheitsrechte der Bauern in den umliegenden Gemeinden zu respektieren. Dagegen sind Jagen sowie das Sammeln von Pflanzen und Tieren verboten. Um die Parkzone im engeren Sinn erstreckt sich eine Peripheriezone, in der fast 30 000 Menschen leben. Um diesen eine Lebensgrundlage zu bieten, werden dort gezielt ein ›sanfter Tourismus‹ und die Aufrechterhaltung der traditionellen Landwirtschaft gefördert.

Parc Nacional d'Aigüestortes y Estany de Sant Maurici heißt offiziell der zweite spanische Pyrenäen-Nationalpark, der 1955 gegründet wurde. Durch die Paßhöhe Portarró d'Espot wird das 105 km^2 große Gebiet in eine westliche und eine östliche Hälfte geteilt. Im Westen liegt das Tal des Riu Sant Nicolau, der streckenweise in ein Netzwerk von Seitenarmen und Inselchen verzweigt ist, eben die Aigüestortes, was auf katalanisch soviel wie ›windungsreiche Wässer‹ bedeutet. Im Ostteil befindet sich mit dem Estany de Sant Maurici ein größerer See. Die internationale Anerkennung wurde dem Park entzogen, da kommerzielle Nutzung der hier besonders reichlich vorhandenen Wasserkraft stattfindet. Heute untersteht das Gebiet der Verwaltung durch die katalanische Regionalregierung, die sich um verbesserte Schutzbestimmungen bemüht.

Enzian

Knabenkraut

Ein Wildtierrefugium

Die Pyrenäen sind eines der letzten Rückzugsgebiete für **Braunbären.** Noch etwa sieben Exemplare soll es in den Tälern von Aspe und Ossau geben, von denen man allerdings recht wenig weiß. Für den Wanderer besteht kaum die Chance, einem dieser friedliebenden Waldbewohner zu begegnen. Der Braunbär ernährt sich vorwiegend vegetarisch, doch kann es vorkommen, daß er ein Stück Vieh reißt. Als Bären noch häufiger waren, führten die Hirten stets ein Gewehr bei sich. Erst 1972 wurde in Frankreich die Bärenjagd verboten.

Von der **Pyrenäen-Gemse** gibt es etwa 5000 Exemplare. Da sie keine natürlichen Feinde mehr hat, wächst der Bestand heute wieder. Außerhalb der Touristensaison kann man Rudel von bis zu 150 Tieren beobachten. Der **Pyrenäen-Steinbock** (s. o.) ist dagegen extrem gefährdet. Er lebt nur noch in einem kleinen Gebiet am Monte Perdido im Ordesa-Nationalpark. Seit dort die Jagd auf den Steinbock im Jahr 1918 verboten wurde, hat sich der Bestand etwas erholt – auf geschätzte 30 bis 100 Tiere, die genaue Zahl ist unbekannt.

Zu den interessantesten Vertretern der Pyrenäenfauna gehören die großen **Greifvögel.** Der Steinadler lebt am Nordhang des Gebirges, in den höchsten Lagen. Noch etwa 40 Brutpaare gibt es. Häufiger bekommt man, insbesondere in Aragón und Navarra, die verschiedenen Geierarten zu Gesicht, allen voran den Fahlroten Gänsegeier. Mit seiner enormen Spannweite von 2,50 m übertrifft er sogar den Adler. Er nistet in Kolonien von 10 bis 20 Exemplaren in Felswänden. Die Viehhirten schätzen ihn in seiner Funktion als ›Gesundheitspolizei‹. Der Bartgeier steht dem Gänsegeier an Größe kaum nach. Heute brüten in den Pyrenäen noch knapp 40 Exemplare. Im Sommer belebt der kleinere Schmutzgeier die Pyrenäen. Er tritt meist paarweise auf und nistet in Felsnischen. Den Winter verbringt er in Zentralafrika.

Mit der Aspisviper gibt es eine Giftschlangenart in den Pyrenäen. Ein schwarzes ›Zickzack-Band‹ schmückt ihren gelben Rücken. Der Wanderer läuft allerdings kaum Gefahr, ihr zu begegnen, da sie – wie alle **Schlangen** – äußerst scheu ist. An ungiftigen Schlangenarten kommen die Gelbgrüne Zornnatter und die Vipernatter vor. Außerdem gibt es zahlreiche Eidechsen und Amphibien. Unter letzteren verdient der Pyrenäen-Gebirgsmolch besondere Aufmerksamkeit, der Bergseen und Bäche bevölkert.

In den hochgelegenen Gewässern angelte man übrigens bis vor wenigen Jahrzehnten nicht einen Fisch. Denn selbst für Forellen, die Wasserfälle hinaufsteigen können, blieben sie unerreichbar. Heute tummeln sich in allen größeren Seen und Bächen Speisefische, die der Mensch zu Angelzwecken angesiedelt hat.

Zahlreiche **Insekten** gibt es in den Pyrenäen. Vor allem Heuschrecken und Käfer fallen durch ihre Vielfalt und Farbenpracht ins Auge. Erstaunlich ist die Zahl von über 300 Schmetterlingsarten, wobei außerdem jedes Tal seine eigenen Unterarten beheimatet.

Gänsegeier

Steinadler

Völker, Sprachen, Traditionen

Die französisch-spanische Grenze zieht eine künstliche Trennlinie zwischen Völkern, die historisch eng mit den Pyrenäen verbunden sind. In den westlichen Pyrenäen leben auf spanischer Seite etwa 700 000 **Basken,** in Frankreich sind es ca. 100 000. Die Herkunft dieses rätselhaften Volkes liegt nach wie vor im dunkeln. Von den Römern wurden sie in ihr heutiges Siedlungsgebiet abgedrängt, wo es ihnen gelang, sich der Romanisierung zu widersetzen. Die baskische Sprache, das Euskera, weist keine Beziehung zu den indoeuropäischen Sprachen auf. Sie wird nur noch von einer Minderheit beherrscht, denn alles Baskische wurde in Spanien unter der Diktatur General Francos aufs schärfste unterdrückt. Nach der Demokratisierung erhielten die baskischen Provinzen – mit Ausnahme von Navarra, da dort keine Mehrheit

dafür zustande kam – ein Autonomiestatut, das weitgehende Selbstverwaltungsrechte garantiert. Seither findet die radikale Befreiungsorganisation ETA nur noch wenig Unterstützung. Das spanische Baskenland ist jetzt offiziell zweisprachig. Man pflegt wieder die alten Bräuche (s.o.: Baskenfest ›Force du Basque‹). Sehr beliebt sind Kraft- und Geschicklichkeitswettbewerbe wie Steineheben oder Holzspalten.

Weniger rätselhaft ist die Herkunft der **Katalanen.** Iberische Stämme drangen in vorgeschichtlicher Zeit im Osten der Pyrenäen, also im heutigen Katalonien und im Roussillon, weit landeinwärts vor. Im 2. Jh. v. Chr. setzte eine weitgehende Romanisierung ein. Hier ist der Ursprung des Katalanischen zu suchen, das sich im Mittelalter zu einer lebendigen Schriftsprache entwickelte. Doch lediglich in Andorra blieb Katalanisch stets die einzige Amtssprache. In Katalonien hingegen wurde es mit der Stabilisierung der Zentralgewalt in Spanien seit dem 16. Jh. immer mehr durch das Kastilische verdrängt. Nach dem völligen Verbot unter der Franco-Diktatur erlebt die katalanische Sprache heute in Katalonien, wo etwa 5 Mio. Katalanen leben, eine Wiedergeburt und ist zweite Amtssprache. Im französischen Roussillon leben etwa 300 000 Katalanen. Weit verbreitet ist dort der Wunsch nach einer Teilautonomie nach dem Vorbild Kataloniens.

Außerhalb des katalanischen und des baskischen Sprachraums verrät in den französischen Pyrenäen ein charakteristischer Akzent, daß man hier einst Okzitanisch sprach, das durch die Vermischung der römischen Sprache mit einheimischen gallischen Dialekten entstanden war. Diese sogenannte Langue d'Oc fand im Mittelalter als Sprache der Troubadoure weite Verbreitung. Später wurde im zentralistisch organisierten Frankreich der Pariser Dialekt zur alleinigen Amtssprache erhoben, das Okzitanische verschwand. Die Verbindungen mit den Gebieten jenseits der Pyrenäen waren im unwegsamen Zentralteil des Gebirges stets lockerer als im Baskenland oder in Katalonien, und so gelangt man bei der Fahrt über die Grenze ins südlich angrenzende Aragón recht abrupt in den spanischen (kastilischen) Sprachraum.

An der Côte Vermeille

Von Port-Vendres zum Tour de Madeloc

Militärische Verteidigungsanlagen aus verschiedenen Jahrhunderten säumen den Weg. Ziel ist der Tour de Madeloc, ein Wachtturm aus dem frühen Mittelalter, von dem man einen hervorragenden Rundblick über die Küste und das Hinterland genießen kann.

DIE WANDERUNG IN KÜRZE

++ Anspruch

6.30 Std. Gehzeit

550 m An-/Abstieg

Charakter: zunächst sanfter, dann steiler Anstieg; für kreislaufschwache Wanderer nicht zu empfehlen

Wanderkarte: Carte de Randonnées 1:50 000, Pyrénées, carte n° 11: Roussillon

Einkehrmöglichkeit: Imbißstube in der Batterie 500 (nur während der Hochsaison geöffnet)

Anfahrt: mit dem **Zug** von Perpignan (über Elne) oder Figueres (über Port-Bou/Cerbère) nach Port-Vendres; mit dem **Auto** auf der N 114 (Küstenstraße von Perpignan Richtung Cerbère an der spanischen Grenze) bis Port-Vendres, dort den Schildern zum Bahnhof (S.N.C.F.) folgen

Achtung: im Hochsommer in den frühen Morgenstunden aufbrechen, um beim Aufstieg die Mittagshitze zu vermeiden

Ausgangspunkt unserer Wanderung ist der Bahnhof (S.N.C.F.) von **Port-Vendres**. Wir wenden uns zunächst rechts und sofort an der nächsten Gabelung links. Nun folgen wir der Route du Fort Ste-Elme, die aus dem Ort heraus und schräg am Hang durch die berühmten Weinberge von Banyuls aufwärts führt. In einem kleinen Korkeichenwäldchen beschreibt die Straße dann eine scharfe Linkskurve. Hinter der nächsten Biegung ist in der Ferne bereits der Tour de Madeloc auszumachen, und dann kommt zur Rechten das **Fort Ste-Elme** in Sicht, das wir bald dar-

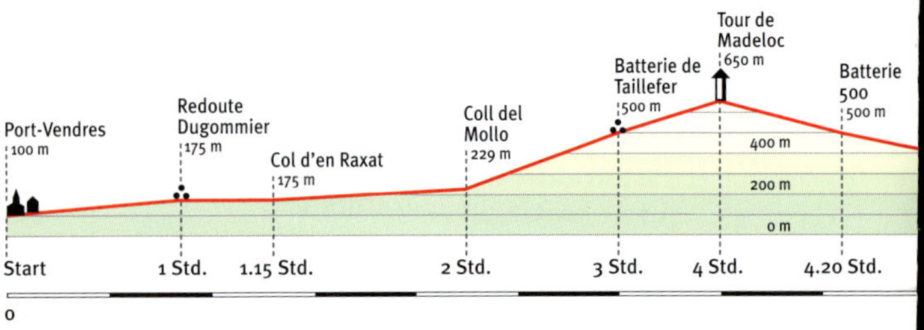

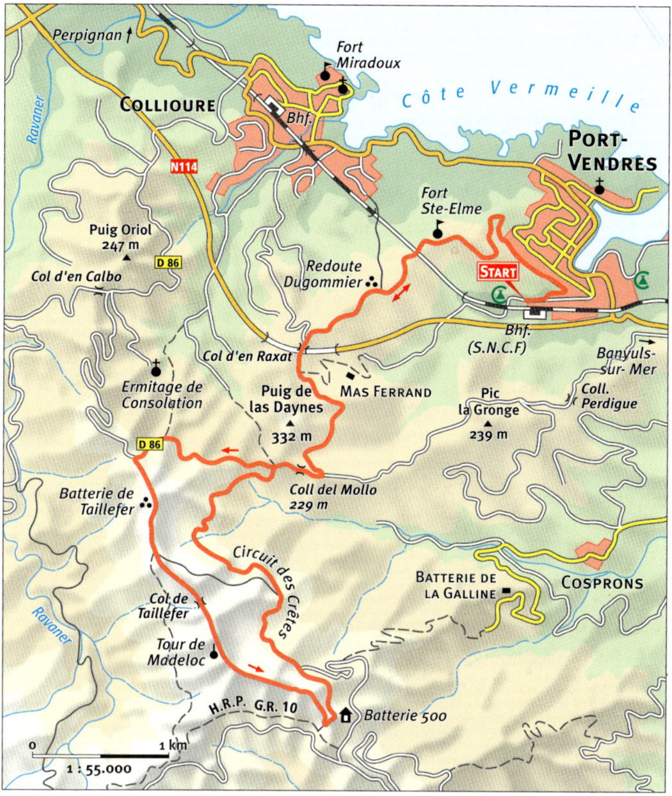

auf erreichen (40 Min.). Der wuchtige Festungsbau befindet sich heute in Privatbesitz und kann nicht besichtigt werden, aber hinter dem Fort bietet ein Aussichtspunkt einen herrlichen Blick auf den hübschen Hafenort Collioure und die weite Küstenebene des Roussillon.

Wir folgen weiter dem Fahrweg, der bald in eine nicht asphaltierte Straße übergeht. Dann lassen wir die Ruine der **Redoute Dugommier**

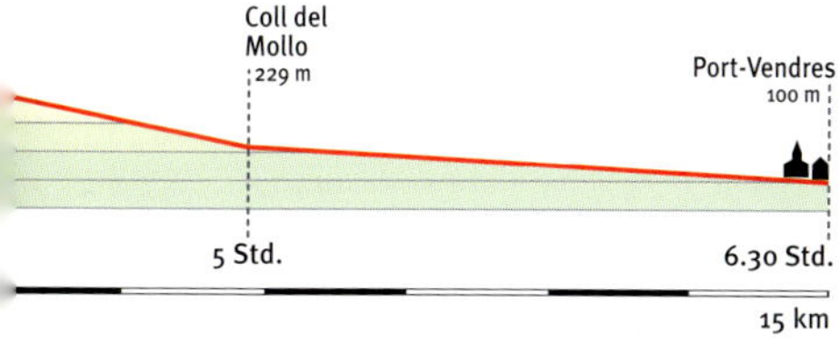

rechts liegen (1 Std.) und gehen auf dem Fahrweg sanft bergab. Weinberge und Korkeichenhaine wechseln sich ab. Die Weinbergterrassen sind von einem auffälligen Grabensystem durchzogen, das kreuz und quer über die Hänge verläuft und dem Schutz vor Erosion dient. Der Weg führt jetzt entlang eines felsigen, gestrüppbewachsenen Kammes.

Dann gelangen wir an den kleinen **Paß Col d'en Raxat** (1.15 Std.); dort zweigt rechts der asphaltierte Fahrweg nach Collioure ab. Links führt ein schmaler Pfad bergab. Wir jedoch gehen geradeaus weiter. Der Weg steigt jetzt stetig an, und die Weinberge werden bald von trockenem Steineichengestrüpp abgelöst. Hinter einer Rechtskurve geht es noch einmal leicht bergab, bis wir die Straße zum Tour de Madeloc erreichen. Wir folgen ihr etwa 200 m nach rechts bis zur Kreuzung am **Coll del Mollo** (2 Std.). Dort gehen wir geradeaus.

Einige Zeit darauf zweigt rechts ein Trampelpfad ab, der hinab zur **Ermitage de Consolation** führt. Wir sehen sie tief im Tal aus einer grünen Insel hoher Bäume heraufleuchten. Um zum Tour de Madeloc zu gelangen, bleiben wir aber zunächst noch ein kurzes Stück auf der Fahrstraße. Bald erscheint rechts ein Eisengeländer, und dort geht es auf der gegenüberliegenden Straßenseite auf einem blau-weiß markierten Pfad steil bergauf über einen Felsgrat. Rechts öffnet sich nun der Blick auf das Tal des Ravaner und den hoch auf einer Bergkuppe wachenden Tour de la Massane. Auf einem flachen Vorsprung treffen wir auf die Ruine der **Batterie de Taillefer** (3 Std.). Vor der Batterie steigen wir links auf dem nun wieder breiteren Weg etwas bergab. Linker Hand sehen wir tief unten aneinandergereiht die Buchten von Port-Vendres, Paulilles und Banyuls.

Eine Abzweigung links lassen wir unbeachtet. Rechts zweigt kurz darauf ein wiederum blau-weiß-markierter, gut ausgebauter Pfad ab, dem wir steil bergauf folgen. In den Wegbiegungen sieht man immer wieder, nun schon ganz nah, den **Tour de Madeloc** auftauchen, den wir so lange aus den Augen verloren hatten. Nach anstrengendem Aufstieg ist der Turm erreicht (4 Std.), der heute eine Satelliten-Empfangsstation beherbergt. Er kann nicht bestiegen werden. Seewärts bietet sich eine grandiose Aussicht auf die Côte Vermeille bis zum Cap Cerbère und in der anderen Richtung bis weit hinter Canet-Plage. Landeinwärts blicken wir auf die kahle Bergwelt der Albères-Kette.

Für den Rückweg wählen wir die Fahrstraße. Zunächst steil, dann sanfter bergab führt sie zur 1886 erbauten **Batterie 500** (4.20 Std.). Später kommen wir an zerfallenen Kasernen vorbei, die einst für die Soldaten der Batterie errichtet worden waren. Kurz darauf erreichen wir eine breitere Fahrstraße, auf der wir uns nach links wenden. Tief unten liegt die Batterie de la Galline. Wir passieren eine zweite Kasernensiedlung, an der ein Aussichtspunkt mit Orientierungstafel angelegt wurde. Unter uns sehen wir schon die Straßengabelung am **Coll del Mollo,** an der wir auf dem Hinweg in Richtung Collioure abgebogen sind.

An der Gabelung (5 Std.) gehen wir rechts und biegen nach etwa 200 m links in eine steinige Fahrstraße ein, die wir schon vom Hinweg kennen. Auf dieser kehren wir nach **Port-Vendres** zurück (6.30 Std.).

Festungsbauten am Wege

Im 7. oder 8. Jh. wurde der **Tour de Madeloc** (Madeloc-Turm) errichtet. Er diente jahrhundertelang als Wachtturm, um die Sarazenen, die immer wieder von See her die Küste unsicher machten, frühzeitig zu erspähen. Tagsüber stiegen Rauchsäulen auf, nachts wurden Feuersignale übermittelt. Ein weiterer Teil des Wachnetzes und Gegenstück zum Tour de Madeloc war der Tour de la Massane, dessen Ruine landeinwärts auszumachen ist. Von dort aus konnte man das gesamte Roussillon überblicken und bei Annäherung von Seeräubern die Städte der Ebene rechtzeitig warnen.

Im 16. Jh. wurde unter spanischer Herrschaft das wuchtige **Fort Ste-Elme** auf einsamer Höhe oberhalb von Port-Vendres erbaut. Im Jahr 1659 schlossen Frankreich und Spanien darin den Pyrenäenfrieden, der die Grenze zwischen beiden Staaten entlang des Gebirgshauptkamms festlegte. Das Roussillon wurde damit Frankreich zugesprochen. Nun wollte das absolutistische Frankreich seine neue Südgrenze abriegeln. Im Auftrag des Sonnenkönigs, Ludwig XIV., reiste der berühmte Festungsbauer Vauban ins Roussillon. Nach eingehender Inspektion kam er zu dem Schluß, daß Port-Vendres der wichtigste französische Stützpunkt in Grenznähe werden sollte.

Aber erst über 100 Jahre später nahm Marschall de Mailly, der damalige Oberbefehlshaber der Streitkräfte des Roussillon, den Ausbau von Port-Vendres zu einem gewaltigen militärischen Bollwerk in die Hand, u. a. entstand in unmittelbarer Nähe der Festung Ste-Elme die **Redoute Dugommier,** eine kleinere Schanze, deren Ruinen allmählich von Gestrüpp überwuchert werden. General Dugommier hatte 1794 die Spanier von der Côte Vermeille vertrieben.

Gegen Ende des 19. Jh. wurden dann mehrere Artilleriestützpunkte auf dem Bergkamm des Madeloc errichtet: Batterie de Taillefer, Batterie 500, Batterie de la Galline. Die Ruinen der dazugehörigen Kasernen säumen die Bergstraße Circuit des Crêtes, die, ursprünglich aus strategischen Gründen angelegt, sich inzwischen zu einer beliebten Ausflugsroute entwickelt hat.

Der Wachtturm Tour de Madeloc aus dem 7./8. Jh.

Rätsel der Megalithkultur

Von Espolla zum Dolmen von Barranc

Durch Weinberge und Olivenhaine geht es vom malerischen Ort Espolla zu der schattigen Quelle Font Cadecàs und weiter zum Bauernhof Mas Guerols. Höhepunkt der Wanderung ist der Besuch des vorgeschichtlichen Dolmens von Barranc.

DIE WANDERUNG IN KÜRZE

+ Anspruch

3 Std. Gehzeit

7 km Länge

Charakter: zunächst Feldwege, dann auf einem Trampelpfad durch die Garrigue und auf breiten Wegen zurück; keine nennenswerten Höhenunterschiede

Wanderkarte: Mapa Topográfico Excursionista, Costa Brava II – Cadaqués, 1:80 000, Editorial Alpina, Barcelona

Einkehrmöglichkeit: nur in Espolla

Anfahrt: mit dem **Zug** nach Figueres und von dort weiter per **Bus** nach Espolla; mit dem **Auto** von Figueres oder Llançà auf der N 252 bis Vilajuïga, dann weiter über Rabós d'Empordà nach Espolla (Parkmöglichkeit am Ortseingang)

Ausgangspunkt ist der untere Ortsrand von **Espolla.** Durch schmale Gassen schlendern wir bergauf Richtung Kirche bis zum zentralen Platz. Stehen wir vor der Kirchenfassade, halten wir uns rechts durch eine enge Straße, die von der oberen, nordöstlichen Ecke des Platzes abzweigt. Man läuft zunächst etwas bergab, wobei man eine Abzweigung nach links nicht beachtet. An einer Kreuzung hinter den letzten Häusern halten wir uns links, dem Hinweisschild ›Dolmen del Barranc‹ folgend, auf zwei auffällige Silos zu. Nach 10 Min. biegen wir an einer Gabelung auf einen betonierten Weg nach links ab, zwischen Weinfeldern geht es leicht bergab. An einer weiteren Gabelung – ein Schild weist nach rechts zum Dolmen del Barranc – gehen wir links und dann sanft bergauf. Immer häufiger sieht man jetzt Olivenhaine und aufgelassene Weinäcker, die neuerdings mit Kiefern aufgeforstet werden.

In einem feuchten Talgrund liegt die gefaßte Quelle **Font Cadecàs** (40

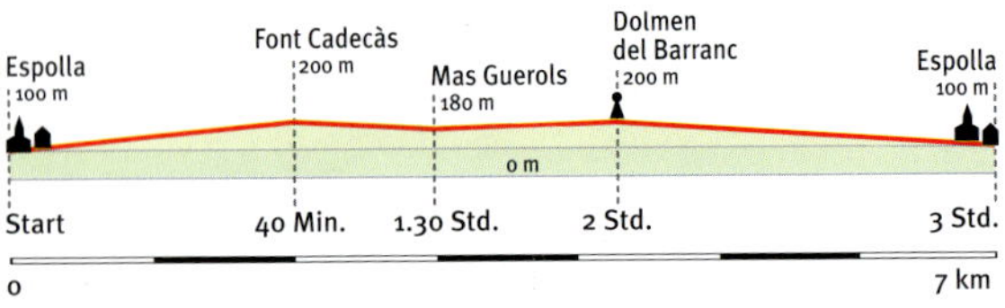

Min.) – ein schöner Platz zum Rasten. Im weiteren Verlauf des Weges darf man sich von Abzweigungen nicht irritieren lassen. Stets folgen wir dem Hauptweg. Wenige Minuten hinter der Quelle geht es geradeaus auf einen Olivenhain zu – nicht links abbiegen! Kurz nach Passieren des Olivenwäldchens taucht links des Wegs die Ruine einer Wassermühle auf. Der massige Mühlstein ist noch auszumachen. Hier wurde früher Olivenöl gepreßt.

Gleich darauf überqueren wir den Mühlbach auf einer niedrigen Brükke. Von nun an wird der Weg recht steinig. An einer Gabelung (1.20 Std.) können wir wahlweise entweder dem Hauptweg nach links oder dem steileren Weg nach rechts folgen. Beide treffen bald wieder zusammen. Am Wegrand stehen hier einige gewaltige Korkeichen. Auffällig viele Schmetterlinge beleben diesen Teil des Weges in den Sommermonaten, darunter der seltene Schwalbenschwanz, ein großer, gelb gefärbter Falter mit schwarzer Zeichnung und roten Augenflecken.

Bald kommt am gegenüberliegenden Hang der Bauernhof **Mas Guerols** in Sicht. Gleich darauf blicken wir nach rechts in einen üppig begrünten Talgrund hinunter. Die Talhänge, früher intensiv landwirtschaftlich genutzt, sind heute von niedrigem Gebüsch überwuchert. Rosmarin und Thymian verbreiten einen aromatischen Duft.

An einer Gabelung (1.30 Std.) gehen wir rechts, direkt auf den Bauernhof zu. Noch vor dem ersten Gebäude, einer Scheune, biegen wir rechts in einen schmalen Wiesenweg ein, der hinunter in den Talgrund führt. Parallel zum Bach geht es dann ein kurzes Stück talaufwärts bis zu einer Brücke.

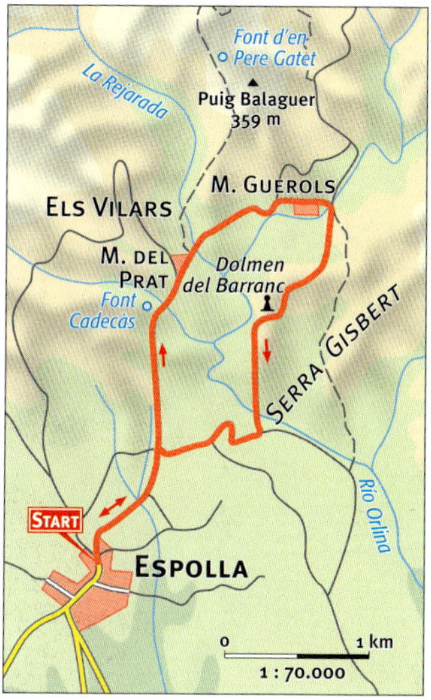

Auf der anderen Talseite führt ein Fahrweg zunächst in Kurven steil bergan. Hinter einer Rechtsbiegung kommen wir durch einen Korkeichenhain, in dem im Frühjahr zahlreiche Zistrosen blühen. Links zweigt ein schmaler Weg ab, den wir nicht einschlagen. Vielmehr hält man auf einem breiten Weg auf den Bergrücken zu, der sich rechts voraus erhebt. Die Route führt nun am linken Hang des Rückens höhenparallel weiter – nicht den steil bergauf führenden Weg wählen, der rechts abzweigt!

Anschließend geht es sanft bergab, auf den etwas niedrigeren, vorderen Teil des Bergrückens zu. Voraus blickt man weit in die Ebene des Empordà bis hin zum Golf von Roses. Nach wenigen Minuten zweigt rechts ein Weg ab; auf diesem erreicht man nach ein paar Metern den **Dolmen von Barranc** (2 Std.), der direkt auf dem Bergrücken errichtet wurde. Vom Hauptweg aus ist der sehr flach gebaute Dolmen nicht zu sehen, da-

Weinlese im Roussillon

her muß man genau auf die Abzweigung achten.

Dolmen (Steintische) wurden in Katalonien ab ca. 3000 v. Chr. in großer Zahl errichtet. Sie dienten als Opferplätze im Zusammenhang mit dem Totenkult der Megalithkultur. Diese kam vermutlich mit Einwanderern aus Vorderasien in den Pyrenäenraum, die den Handelswegen übers Meer zu den spanischen und englischen Goldminen folgten und überall entlang der Küsten und in deren Hinterland Niederlasssungen gründeten. Mitte des 2. Jt. v. Chr. begann der Niedergang der Megalithkultur, um 700 v. Chr. wurde sie endgültig durch die Kelten zerstört.

Nach der Besichtigung des Dolmens folgen wir dem Hauptweg weiter bergab. Bald zweigt links ein breiter Weg ab. Wir aber gehen geradeaus steil in den Talgrund hinunter. Nach 5 Min. gabelt sich der Weg. Wir halten uns links auf den Riu Orlina zu, dessen Lauf von üppiger Vegetation gesäumt wird. Hier gibt es keine Brücke, und wir queren das Bachbett auf rundgeschliffenen Steinen, was bei stärkerer Wasserführung im Frühjahr nicht ganz einfach ist.

Auf der gegenüberliegenden Talseite kann man im Schatten hoher Bäume etwas verweilen, bevor es dann steil aufwärts aus dem Talgrund herausgeht. Der Weg ist hier wesentlich breiter, bleibt aber steinig. (Ein weiterer Weg kommt von rechts unten herauf.) Es geht weiter bergauf bis zum oberen Rand des Tals (2.45 Std.). Wir bleiben nun auf dem breiten Hauptweg, der hier wieder von Weinfeldern gesäumt wird. Nach wenigen Minuten treffen wir auf den breiten, betonierten Weg, den wir vom Beginn unserer Wanderung kennen, und folgen diesem nach links bis **Espolla** (3 Std.).

Die Vulkane der Garrotxa

Durch die Fageda d'en Jordà zum Volcà de Santa Margarida
Zahlreiche Vulkankrater prägen die Landschaft der Garrotxa, die 1985 zum Naturpark erklärt wurde. Im lauschigen Kratergrund des Volcà de Santa Margarida erhebt sich eine schlichte Kapelle.

DIE WANDERUNG IN KÜRZE

+ Anspruch

3 Std. Gehzeit

9 km Länge

Charakter: Wald- und Feldwege, steiler An-/Abstieg am Volcà de Santa Margarida; sonst keine nennenswerten Höhenunterschiede

Wanderkarte: Mapa excursionista 20, Puigmal – Costabona, 1:50 000, Institut Cartogràfic de Catalunya

Einkehrmöglichkeiten: einfache Bar im Bauernhof Can Caselles; zwei Restaurants hinter der Abzweigung zum Croscat

Anfahrt: mit dem **Bus** nach Olot (verkehrt regelmäßig von Figueres, Girona, Ripoll und Vic), dort den Bus Richtung Banyoles/Girona nehmen und am Informationszentrum Can Serra (gegenüber der Fageda d'en Jordà) aussteigen; mit dem **Auto** von Olot auf der GE 524 der Beschilderung nach Santa Pau/Fageda d'en Jordà folgen, dann etwa 4 km bis zum Parkplatz des Informationszentrums Can Serra (links der Straße)

Ausgangspunkt ist der Parkplatz des **Informationszentrums Can Serra** an der Straße von Olot nach Santa Pau. In Höhe der Ausfahrt des Parkplatzes queren wir die Straße. Auf der anderen Seite zweigt eine schmale Seitenstraße ab, die wir jedoch nicht benutzen, sondern direkt rechts daneben einem mit **›La Fageda d'en Jordà‹** ausgeschilderten Fußweg folgen. Sofort befinden wir uns in einem schattigen Laubwald. Die Baumstämme sind dicht mit Efeu und Flechten bewachsen. Der Waldboden ist mit lockerem Basaltgestein übersät. Nach 5 Min. gelangen wir an eine Gabelung, wo wir uns links halten, der Beschilderung ›Volcà de Santa Margarida‹ folgend. Auch der weitere Wegverlauf ist stets gleichlautend ausgeschildert und mit zwei Wanderern in einem roten Feld sowie teilweise auch mit der Nr. 1 markiert. Mehrfach gabelt sich der Weg im Wald, und wir folgen den Hinweisschildern. Praktisch ohne Höhenunterschiede läuft man auf dem gewundenen Weg durch das wellige Gelände, das der Oberfläche eines erstarrten Lavastroms entspricht.

Nach 20 Min. Gehzeit stehen wir an einer schmalen Straße. Auf ihr gehen wir rechts. 2 Min. später ignorieren wir eine Abzweigung nach rechts. Wir gehen links auf der Straße weiter, deren Asphaltdecke nach wenigen Metern endet. Ca. 100 m danach

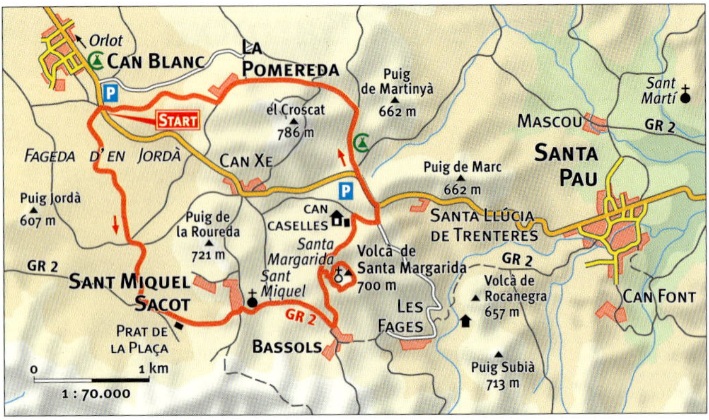

gehen wir an einer Gabelung rechts auf der breiteren Piste weiter. An einer weiteren Gabelung (30 Min.) sehen wir die weiß-roten Markierungen des **G.R. 2,** denen wir nun nach links folgen. Nach weiteren 3 Min. gabelt sich der Weg wiederum. Wir gehen links und lassen ein großes modernes Gehöft rechts von uns liegen. Die Piste ist inzwischen zum Feldweg geworden, der durch Ackerland führt.

An der nächsten Gabelung gehen wir links, der Weg nach rechts ist ohnehin durch eine Kette mit Durchgangsverbotsschild versperrt. Kurz darauf stehen wir vor dem schön restaurierten alten Bergbauernhof **Prat de la Plaça.** Wir gehen links an dem Haus vorbei, der weiß-roten Markierung folgend. Knapp 50 m weiter zweigen wir dann rechts von dem Feldweg ab auf einen Pfad, der wiederum mit ›Volcà de Santa Margarida‹ beschildert ist. Wir verlassen nun das Ackerland und laufen wieder durch schattigen Wald. Vorübergehend geht es dann recht steil bergan. Nach 50 Min. wird der Anstieg sanfter. Gelbe sowie weiß-rote Markierungen helfen in diesem Bereich bei der Orientierung. Der Pfad tritt aus dem Wald heraus, und kurz darauf stehen wir auf einem flachen Sattel. Vor uns erblicken wir nun den kleinen Weiler Sant Miquel, der aus nur wenigen Bauernhöfen besteht, die zum Teil verlassen sind, zum Teil als Ferienhäuser genutzt werden. Unser Pfad mündet hier in einen steinigen Fahrweg, dem wir geradeaus, also bergab, folgen, wobei wir uns wiederum an der Beschilderung ›Volcà de Santa Margarida‹ orientieren. Kurz darauf stehen wir vor der **Kirche Sant Miquel** (1 Std.), die von

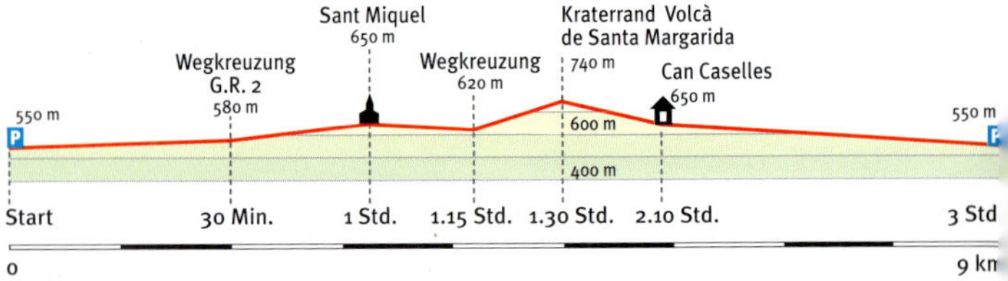

einer idyllischen Gartenanlage umgeben ist. An der dortigen Wegkreuzung gehen wir geradeaus weiter, die Kirche zur Linken lassend. Voraus sehen wir nun den dicht bewaldeten Abhang des Volcà de Santa Margarida. In zwei Kurven führt der von Bäumen und Gebüsch beschattete Fahrweg abwärts zu einer als Ackerland genutzten Senke, wo er in eine breitere Piste mündet. Wir gehen geradeaus weiter, dort wo ein skurril gestaltetes Kreuz auf einem Lavabrocken am Wegrand steht. Auf der gegenüberliegenden Seite der Senke erreichen wir eine sternförmige **Wegkreuzung** (1.15 Std.). Wir halten uns auf dem steilsten Pfad links aufwärts, der wiederum mit ›Volcà de Santa Margarida‹ beschildert ist. Kurz darauf queren wir einen Feldweg und laufen weiter geradeaus. Unser Weg hat sich nun wieder zum Fahrweg verbreitert. Es geht gleichmäßig, aber zügig aufwärts. Eine Abzweigung, die nach rechts abwärts führt, ignorieren wir. Kurz darauf kommen wir an eine weitere Gabelung, wo wir nach links gehen und damit den Feldweg verlassen. Wir laufen jetzt auf einem alten Pilgerweg, dessen ehemalige Pflasterung stellenweise noch erhalten ist. Der Weg gabelt sich schon bald, wir gehen links Richtung **Volcà de Santa Margarida.**

Nach 1.30 Std. Gehzeit stehen wir am **Kraterrand.** Der Blick ins Kraterinnere ist hier durch dichten Wald verwehrt. Wir laufen auf dem Kraterrand weiter, bis wir 5 Min. später auf eine Gabelung treffen. Hier zweigt rechts der Weg in den Krater hinunter ab. (Wer nicht ganz hinabsteigen möchte, kann schon nach wenigen Metern den Blick ins Kraterinnere mit der schlichten Kapelle am Grund genießen.) Der **Kraterboden** ist nach insgesamt 1.45 Std. erreicht. Die Wiese rund um die Ermita lädt zur Rast ein. Ein Menhir erhebt sich neben dem Gotteshaus. Vielleicht versuchten schon die prähistorischen Menschen – wie später auch die Christen –, mit einem Symbol ihres Glaubens die feuerspeienden Kräfte des Erdinneren zu besänftigen.

Hinter der Kapelle können wir wieder zum Kraterrand hinaufsteigen. Der Pfad mündet nicht weit von einem Gebäudekomplex, der wie eine bewirtschaftete Berghütte aussieht und vor dem wir den Abstieg begonnen hatten, in den Hauptweg auf dem Kraterrand (2 Std.). Rund 50 m von der Hütte entfernt, im Uhrzeigersinn betrachtet, verlassen wir diesen nach außen auf einem steilen Waldweg. Ca. 5 Min. später tritt dieser aus dem Wald heraus und verbreitert sich zum Fahrweg. Wir blicken weit in die Ferne Richtung Pyrenäenhauptkamm. Dann stehen wir auf dem Gelände des **Bauernhofes Can Caselles** (2.10 Std.), wo Erfrischungsgetränke, Eis und kleine Snacks verkauft werden.

Auf dem Zufahrtsweg zum Bauernhof geht es weiter abwärts. Kurz darauf ignorieren wir eine Abzweigung nach links. Geradeaus gelangen wir auf eine breitere Piste, der wir nach links Richtung Volcà Croscat folgen. Schon bald erreichen wir einen Parkplatz. Wir überqueren ihn, gehen zur Hauptstraße hinüber und wechseln auf einem Fußgängerüberweg die Straßenseite. Hier halten wir uns dann links, dem Schild Richtung Volcà Croscat folgend. Dort biegen wir rechts in die Zufahrtsstraße zu einem Campingplatz ein und gehen an der nächsten Kreuzung geradeaus weiter, ein Restaurant zur Linken und einen Bauernhof zur Rechten lassend. Links voraus

An der Fageda

erhebt sich nun der dichtbewaldete Vulkankegel **El Croscat.** Wir lassen einen weiteren ehemaligen Bauernhof, in dem sich das Restaurant Masnou befindet, rechts des Weges liegen. Wenig später erreichen wir eine Gabelung. Links aufwärts beginnt ein Rundwanderweg durch das Naturreservat El Croscat. Wir jedoch gehen rechts und gleich darauf an der nächsten Gabelung links, nun der Beschilderung Richtung Fageda d'en Jordà folgend.

Wir laufen nun durch einen ehemaligen Steinbruch, in dem Tuff abgebaut wurde. 5 Min. später haben wir diesen hinter uns gelassen und stehen wiederum an einer Gabelung. Links geht es weiter. Jetzt kommt der Croscat wieder in Sicht, und man erkennt den tiefen Einschnitt in der Nordflanke des Vulkans, der durch Gesteinsabbau verursacht wurde. Der Steinbruch ist inzwischen stillgelegt, und man ist bemüht, die dem Berg zugefügten Wunden wieder zu begrünen. Wir laufen nun fast unmittelbar am Fuß des Vulkans entlang und halten auf die wenigen Häuser des Weilers **La Pomereda** zu.

Nach 2.40 Std. treffen wir auf eine Wegkreuzung. Wir ignorieren sowohl den breiten, nach rechts abzweigenden Fahrweg als auch den schmaleren Waldweg, der nach links führt. Statt dessen gehen wir zunächst geradeaus, genau auf das breite Holztor eines luxuriösen Anwesens zu, und halten uns davor links auf einem holprigen Fahrweg. Jetzt geht es noch einmal sanft bergab, und es gibt nach einem längeren sonnigen Streckenabschnitt wieder

Schatten durch Bäume, die rechts und links des Weges stehen. Wir passieren einen Schweinestall und gehen weiter geradeaus, jetzt wieder leicht bergan.

Dann gilt es, auf einen Wegweiser zu achten, der uns nach rechts Richtung Fageda d'en Jordà weist. Wir verlassen hier die Piste und biegen in einen schattigen Waldweg ein. Recht unvermittelt gabelt sich der Weg. Wir gehen links, wo ein niedriger Pfosten steht, auf dem eine rote Raute in weißem Feld angebracht ist. Der Weg verläuft über eine niedrige Kuppe und tritt dann aus dem Wald heraus. An dieser Stelle treffen wir wieder auf einen Wegweiser Richtung Fageda d'en Jordà. Wir gehen an einem Zaun entlang, sehen ein großes Ferienhaus zur Linken. Dann kommt schon der Parkplatz am **Informationszentrum Can Serra** in Sicht (3 Std.).

Vulkane am Wege

Die mittelgebirgsähnliche Garrotxa ist eine für die Pyrenäen einmalige Vulkanlandschaft. Rund 40 Vulkankegel und erloschene Krater gibt es hier. Besonders beeindruckend, sowohl wegen seines guten Erhaltungszustands als auch wegen seiner nicht unerheblichen Ausmaße (350 m Durchmesser, 60 m Tiefe), ist der Krater des **Volcà de Santa Margarida.** Vor etwa 350 000 Jahren fanden in der Garrotxa die ersten Ausbrüche statt, die letzte Eruption liegt erst 11 500 Jahre zurück. Damals ergoß sich ein Lavastrom aus der Flanke des Croscat, des höchsten Vulkankegels der Umgebung. Auf der Oberfläche des bei der Erkaltung zu Schollen zerbrochenen Lavastroms dehnt sich heute die **Fageda d'en Jordà** aus, ein urwüchsiger Buchenwald, der Gegenstand zahlreicher Legenden ist. Hier soll El Folet leben, ein nur 40 cm großer Kobold, der nach Einbruch der Dunkelheit die Bewohner der Umgebung heimsucht, weshalb angeblich nachts die Fenster geschlossen bleiben ...

Noch heute gelten die Vulkane der Garrotxa als aktiv, wenngleich sie sich offenbar eine Ruhephase gönnen. Erdbeben erschütterten die Gegend zuletzt in den Jahren 1427 und 1428. Durch Gesteinsabbau wurden der Vulkanlandschaft in der Vergangenheit schwere Schäden zugefügt. 1985 hat man die Garrotxa zum Naturpark erklärt und viele Steinbrüche geschlossen. Einige Bereiche (rund 9 km^2 des ca. 119 km^2 großen Vulkangebietes) wurden unter völligen Schutz gestellt. Im **Informationszentrum Can Serra,** dem Ausgangspunkt der Wanderung, sind Broschüren und Auskünfte über den Naturpark erhältlich.

Der Kraterboden des Volcà de Santa Margarida mit Kapelle und Menhir

Tour 4

Zu Füßen des Canigou

Von Casteil zur Abtei St-Martin-du-Canigou und durch die Gorges de Cady

Auf uraltem Pilgerweg geht es zu einem wildromantisch gelegenen Kloster und weiter, steil bergauf, in felsige Höhen. Beim Abstieg quert die Route enge Schluchten und einsame Wälder.

DIE WANDERUNG IN KÜRZE

+++ Anspruch

6.30 Std. Gehzeit

1100 m An-/Abstieg

Charakter: steiler An-/Abstieg, teils auf engen Pfaden; gute Kondition und Trittsicherheit erforderlich

Wanderkarte: Carte de Randonnées 1:50 000, Pyrénées, carte n° 10: Canigou

Einkehrmöglichkeit: in Casteil; Getränke auch an der Abtei St-Martin-du-Canigou

Anfahrt: mit dem **Bus** von Perpignan oder Prades nach Vernet-les-Bains, weiter mit dem Taxi nach Casteil; mit dem **Auto** von Perpignan bzw. von Puigcerdà/Font-Romeu auf der N 116 bis Villefranche-de-Conflent, von dort auf der D 6 nach Vernet-les-Bains und weiter nach Casteil (Parkplatz am Ortseingang)

Öffnungszeiten: Abtei St-Martin-du-Canigou: nur geführte Rundgänge, tägl. 10, 12, 14, 15, 16 und 17 Uhr (15. Juni–14. Sept.) bzw. 10, 11.45, 14.30, 15.30 und 16.30 Uhr (15. Sept.–14. Juni); Okt.– Ostern Di geschl.

Die Wanderroute beginnt am Ortseingang von **Casteil,** wo es einen großen Parkplatz gibt. Hinter dem Ortsschild halten wir uns auf der breiteren Straße rechts aufwärts, etwa 100 m weiter zweigen wir vor einem Garten, in dem einige hohe Linden stehen, links ab. Durch eine schmale Gasse, an der sich die aus ockerfarbenem Naturstein errichte-

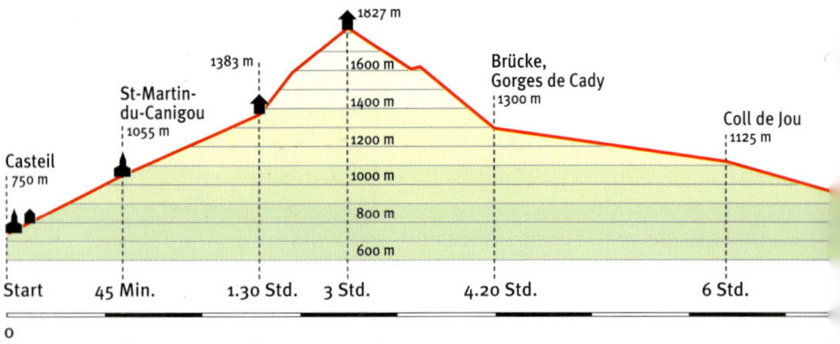

ten alten Häuser eng aneinanderdrängen, geht es durch den Ort aufwärts. Nach etwa 5 Min. halten wir uns an der Kirche links, d. h. wir folgen dem Weg zur Abtei. Etwa 50 m weiter biegen wir erneut ab, diesmal nach rechts, wo es nun steil aufwärts geht. Eine Schranke wird passiert, die den schmalen betonierten Fahrweg für Pkws sperrt.

Schon bald verlassen wir den Ort und laufen durch schattigen Laubwald. Der Fahrweg quert einen schmalen offenen Wasserkanal. In der nächsten Kurve tritt der Weg wieder aus dem Wald heraus, und dann laufen wir in steilen Serpentinen, ein wildes Bergpanorama vor Augen, weiter nach oben. Nach ca. 30 Min. gehen wir durch ein Felstor. Nun läßt die Steigung nach, und wir befinden uns wieder im schattigen Wald. Kurz darauf treffen wir auf die romanische **Kapelle St-Martin-le-Vieux,** die sich links des Weges erhebt. Es lohnt sich, zu der Terrasse hinter dem schlichten Gotteshaus zu gehen und von dort den Panoramablick Richtung Vernet-les-Bains zu genießen.

Nach 45 Min. stehen wir unterhalb der **Abtei St-Martin-du-Canigou.** Wir gehen geradeaus und gelangen nach zwei weiteren Kurven zum ehemaligen Klostergebäude. Graf Guifred de Cerdagne gründete die Abtei im Jahre 1007 und zog sich gegen Ende seines Lebens selbst dorthin zurück. Während der Französischen Revolution wurde das im romanischen Stil erbaute Kloster

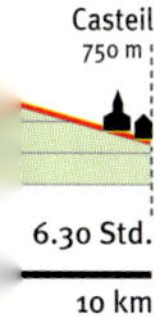

aufgegeben und verfiel. Im 20 Jh. hat man es – nicht ganz originalgetreu – restauriert.

Nach der Besichtigung wendet man sich vor der Abtei links auf einem Treppenweg aufwärts, beschildert mit ›I.T. No. 9‹ und ›Moura Vernet‹. Schon bald geht diese Treppe in einen steilen felsigen Serpentinenpfad über, der sich 5 Min. später gabelt. Hier können wir nach rechts einen kurzen Abstecher zu einem Aussichtspunkt mit herrlichem Blick über die Abtei machen.

Danach gehen wir zur Gabelung zurück und halten uns jetzt links, dem mit gelben Balken markierten Weg Nr. 9 weiter folgend. Früher verlief hier eine wichtige Verbindungsroute über die Pyrenäen. An der stellenweise noch erhaltenen Pflasterung ist zu erkennen, daß der Weg einmal sorgfältig angelegt wurde. Hin und wieder lichtet sich der Wald, und der Blick wird frei auf die weite Eintiefung des Vallespir mit Vernet-les-Bains im Vordergrund. Nach 1.10 Std. stehen wir an einer Gabelung. Hier halten wir uns rechts, der Beschilderung Richtung Moura, also dem Weg Nr. 9, folgend. Der weitere Wegverlauf ist mit roten Balken markiert. Fünf Minuten später erreichen wir eine markante Felsgruppe. An dieser langgestreckten, aus einem Bergrücken herausgewitterten Gesteinsmauer orientiert sich der weitere Wegverlauf. Wir treffen auf ehemalige Terrassenfelder, die schon weitgehend zugewuchert sind, und auf Gebäudereste. Der Weg führt vorübergehend ein wenig bergab und taucht wieder in den Wald ein. Höhenparallel laufen wir weiter bis zu einer **Schutzhütte** (1.30 Std.).

Ein verwittertes Schild mit einem Pfeil und der Nr. 9 weist uns den weiteren Weg. Kurz darauf müssen wir über riesige abgerundete Steine klettern, um ein schmales Bachbett zu überwinden. Dahinter geht es nun wieder steil bergauf. In engen Serpentinen windet sich der Weg durch dunklen Tannen-Buchen-Wald aufwärts. Wir passieren einen riesigen Felsklotz (2.30 Std.). Später türmen sich weitere flechtenüberzogene Felsgebilde am Wegrand. Wiederum gilt es, ein steiniges Bachbett zu durchqueren. Die Steigung nimmt nun noch mehr zu, die Orientierung wird an dem von groben Gesteinsblöcken übersäten Hang schwierig. Doch immer wieder helfen rote Farbbalken an Steinen oder Bäumen weiter. Dann geht es mit verminderter Steigung schräg zum Hang weiter. Bald stehen wir ganz unvermittelt auf einem Felsvorsprung, wo sich der Wald vorübergehend lichtet und die Sicht nach Westen auf den tief unter uns auf einem Bergrücken stehenden Wachtturm Tour de Goa und die dahinterliegende Bergwelt des Vallespir freigibt.

Durch lichteres, sehr felsiges Gelände geht es weiter aufwärts. Schließlich erblicken wir vor uns das Bergmassiv des Pic des Sept Hommes (2661 m). Damit ist der höchste Punkt der Wanderung erreicht. Wenig später stehen wir an einer wei-

Blick auf die Abtei St-Martin-du-Canigou

teren **Schutzhütte** (3 Std.), wo es sich lohnt, eine Pause einzulegen und die herrliche Aussicht zu genießen.

Von der Hütte aus gehen wir etwa 30 m auf demselben Weg zurück, den wir gekommen sind, und finden dann auf einer Steinplatte eine auffällige gelbe Wegmarkierung, die aus zwei parallelen Balken und einem im Winkel dazu angeordneten besteht. Letzterer weist in die Richtung, die wir nun einschlagen wollen. Gelbe Balken an Steinen und Bäumen weisen den weiteren Weg. Die Schutzhütte lassen wir links über uns liegen und laufen auf einem schmalen Trampelpfad schräg zum Hang bergab in einen lichten Wald aus Kiefern und Tannen hinein. In steilen Serpentinen geht es dann durch offenes Gelände, in dem zahlreiche Haselnußbüsche davon zeugen, daß hier bis vor kurzem noch landwirtschaftliche Nutzung stattfand. In diesem Bereich erweisen sich die gelben Markierungen als äußerst wertvolle Orientierungshilfe.

Nach 3.15 Std. queren wir ein sumpfiges **Bachbett,** wobei größere Steine als Trittstufen dienen. Auf der gegenüberliegenden Seite leiten uns gelbe Farbbalken und Steinmännchen über Felsen aufwärts. Rückblickend können wir von hier aus zwischen den Haselnußsträuchern einige Ruinen von Steinhütten ausmachen. Über die nun zu querende, schon recht zugewucherte Geröllhalde geht es im Zweifelsfall stets geradeaus. In einem dichten Wald aus jungen Tannen verliert der Weg dann wieder rasch an Höhe. Wir queren einen weiteren schmalen **Bach** (3.30 Std.).

Nun laufen wir unterhalb eines riesigen herausgewitterten Felsblocks entlang, hinter dem es wieder ein Stück bergauf geht. Dann queren wir noch einen Bach. Anschließend geht es auf einem einstmals wohl breiteren Weg, der aber bis auf einen schmalen Trampelpfad völlig zugewachsen ist, steil bergab. Später wird der Pfad steiler und schmaler, die Serpentinen enger. Nach etwa 4 Std. schauen wir in eine tiefe **Schlucht,** in die sich ein schmaler Wasserfall ergießt.

Parallel zur Schlucht laufen wir weiter, wobei sich der nun stellenweise recht schmale Pfad zunächst dem Talboden immer mehr annähert, um sich dann jedoch wieder von ihm zu entfernen. Eine schwierige Passage unterhalb einer Felswand ist nur unter Zuhilfenahme der Hände zu bewältigen. Nach wenigen Metern Kletterei geht es auf dem schmalen Trampelpfad weiter. Doch schon bald ist erneut eine – wenn auch nicht ganz so anspruchsvolle – Kletterpassage zu bewältigen.

Wir steigen nun auf einer Felsnase zwischen zwei Schluchten abwärts und erreichen den Talgrund der Schlucht, die wir links von uns sahen. Hier gabelt sich der Wanderweg. Wir folgen jetzt nicht den roten Markierungen geradeaus, sondern gehen auf dem gelb markierten Pfad weiter, der nach rechts abknickt. Kurz darauf stehen wir an einer schmalen **Holzbrücke** (4.20 Std.), auf der wir den kräftig durch den oberen Teil der **Gorges de Cady** sprudelnden Bach überqueren. Auf der anderen Seite gabelt sich der Weg erneut. Wir ignorieren die etwas undeutlichen roten Markierungen zur Rechten. (Dieser Pfad, der durch die Gorges de Cady führt, wird nicht mehr instandgehalten, von seiner Benutzung ist daher abzuraten.) Statt dessen folgen wir den gelben Markierungen bergauf durch den

Wald und entfernen uns von der Schlucht.

Allmählich gewinnt unser Weg am Hang immer mehr an Höhe. Wir passieren eine auffällige Felsgruppe (5 Std.), hinter der es nun wieder abwärts geht. Ein schmaler Bach wird gequert, dann geht es noch einmal aufwärts. Wir überschreiten noch zwei weitere Rinnsale und gewinnen stetig an Höhe. Dann kommen wir an **Häuserruinen** vorbei (5.20 Std.) und tauchen wiederum in den Wald ein. Kurz darauf erreichen wir einen Wasserkanal, den wir nach wenigen Metern überqueren und dann zu einem nahegelegenen Forstweg hinaufsteigen. Auf diesem halten wir uns rechts, also abwärts. Nach etwa 10 Min. kommen wir an eine Gabelung. Wir gehen rechts auf dem breiteren Weg weiter. Wiederum 10 Min. später treffen wir auf eine breitere, auch für Pkws befahrbare Piste. Wir gehen jedoch nicht auf dieser weiter abwärts, sondern benutzen den rechts abzweigenden und parallel zur Piste verlaufenden, weiß-rot markierten Wanderweg, der mit ›Coll de Jou‹ ausgeschildert ist. Nach rechts öffnen sich immer wieder schöne Blicke auf die umgebenden felsigen Berghänge. Auf dem gepflegten Weg kann man nun zügig bergab schreiten. Nach 6 Std. Gehzeit stehen wir dann auf dem **Coll de Jou.**

Gleich zur Rechten finden wir eine Pforte, auf der Casteil für Fußgänger ausgeschildert ist. Wir gehen hindurch und halten uns dann geradeaus, den roten Markierungen folgend. Jetzt ist auch der Ort bereits rechts unten im Tal zu sehen. Unser Weg beschreibt eine scharfe Rechtskurve, den links abzweigenden, stärker zugewachsenen Weg ignorieren wir. 30 m weiter gabelt sich der Weg, wir bleiben links auf der breiteren Spur. Wenig später kommt in einer Kurve ein Pfad von rechts herunter, den wir ebenfalls nicht beachten. Auch auf diesem Wegstück läßt es sich trotz des nicht geringen Gefälles wieder bequem ausschreiten. Auf einer winzigen Holzbrücke überqueren wir einen Bachlauf. Parallel zum Bach geht es unter schattenspendenden Laubbäumen weiter. Wir passieren die Ruine eines Bauernhofes, gehen geradeaus weiter, schreiten durch eine Pforte und setzen unseren Weg parallel zum Bach im schattigen Talgrund fort.

Bald wechselt der Weg auf die andere Seite des Baches über, folgt diesem jedoch weiterhin. Kurz darauf queren wir eine Straße. Unser Weg führt direkt gegenüber, ausgeschildert nach Casteil, weiter talabwärts. Bald darauf treten wir aus dem Wald heraus. Obstplantagen säumen nun den Weg. Hinter einem Holzschuppen, der links des Weges steht, kommt die Straße wiederum in Sicht. Wir gehen nicht zu ihr hinüber, sondern halten uns links, dem roten Pfeil Richtung Casteil folgend. Bald laufen wir wieder durch eine von Laubbäumen beschattete Schlucht unmittelbar neben dem Bach. Dann treffen wir auf eine x-förmige Kreuzung. Wir gehen geradeaus auf dem breiten Schotterweg weiter. Kurz darauf passieren wir einen kleinen Privatzoo. Dort geht unser Weg in eine schmale Straße über, führt über eine Brücke und dann geradeaus weiter an einigen Wochenendhäusern vorbei.

Schließlich passieren wir die ersten Häuser von **Casteil** und gehen stets geradeaus, bis wir bei dem Restaurant Le Catalan auf die Hauptstraße treffen. Nun sind es auf dieser bergab nur noch wenige Minuten bis zum Parkplatz (6.30 Std.).

Festung des Pyrenäenfriedens

Von Villefranche-de-Conflent zum Fort Libéria, zum verlassenen Dorf Belloc und zur Kapelle St-Etienne

Von der Festungsstadt Villefranche-de-Conflent führt der Weg zum Fort Libéria und zum verlassenen Dorf Belloc. Weiter geht es auf einem Bergkamm zur Ruine der Kapelle St-Etienne.

DIE WANDERUNG IN KÜRZE

++ Anspruch

5 Std. Gehzeit

600 m An-/Abstieg

Charakter: steiler An- und Abstieg; Orientierung nicht ganz einfach

Wanderkarte: Carte de Randonnées 1:50 000, Pyrénées, carte n° 10: Canigou

Einkehrmöglichkeit: Imbißstube im Fort Libéria

Anfahrt: mit dem **Zug** von Perpignan nach Villefranche-de-Conflent; mit dem **Auto** von Perpignan bzw. Puigcerdà/Font-Romeu auf der N 116 bis Villefranche-de-Conflent, dort nordöstlich des Ortszentrums an der Straße Richtung Prades am Bahnhof (S.N.C.F.) parken

Öffnungszeiten: Fort Libéria: während der Saison tägl. 9–20 Uhr; Dauer der Besichtigung anhand eines Informationsblattes in deutscher Sprache ca. 45 Min.

Vor dem Bahnhof von **Villefranche-de-Conflent** halten wir uns zunächst stadteinwärts, also rechts, und zweigen nach ungefähr 50 m, gleich hinter einer Telefonzelle, im spitzen Winkel links ab. Ein Schild weist auf den ›Chemin Fort Libéria‹ hin. Die schmale Teerstraße verläuft zunächst am Fluß entlang talabwärts. Nach wenigen Minuten geht es links um eine Kurve herum und durch einen Tunnel unter der Bahnlinie hindurch. Dahinter halten wir uns auf dem breiten Weg schräg links bergauf. Bald endet die Asphaltstraße (20 Min.), und es geht auf einem Feldweg weiter aufwärts. Schmale Pfade kürzen die nun folgenden Serpentinen ab. Bequemer ist es jedoch, auf dem breiten Weg zu bleiben, der durch aufgelassene Weinberge, die man einst terrassenförmig am Hang angelegt hatte, zum **Fort Libéria** hinaufführt (50 Min.). Unterhalb der wuchtigen Festungsmauern gelangt man durch den ehemaligen Burggraben und im Bogen über eine Brücke ins Innere des Forts.

Das Fort sollte der Verteidigung der Grenze zu Spanien dienen. 1680 begann man mit den Bauarbeiten. Immer wieder wurden später die Verteidigungsanlagen verbessert, denn die Angst vor den Spaniern blieb. So ist es auch zu erklären, daß man Mitte des 19. Jh. einen unterirdischen Gang, größtenteils in den Fels gehauen, baute, der die Festung mit der Stadt verband und den unbeob-

achteten Austausch von Botschaften, Material und Soldaten ermöglichte. 1984 taten sich einige Einwohner von Villefranche zusammen, pachteten das Fort für 99 Jahre und machten es der Öffentlichkeit zugänglich.

Den Abstieg durch einen unterirdischen Gang nach Villefranche hinunter planen wir für den Abschluß der Wanderung, nicht ohne den Museumswärter hiervon in Kenntnis zu setzen. Denn zunächst erwartet uns noch ein steiler Aufstieg zum verlassenen Dorf Belloc. Dazu halten wir uns gegenüber der Brücke am Eingang des Forts rechts an der Festungsmauer vorbei bergauf auf einem schmalen Weg, von dem schon nach wenigen Metern links ein Pfad abzweigt. Auf diesem geht es oberhalb der Mauer bis zur bergwärtigen Spitze der Festung, die von hier aus wie der Bug eines Schiffes aussieht. Nun führt der Pfad steil aufwärts, später dann etwas sanfter schräg zum Hang, stets durch ehemalige von dichtem Gestrüpp überwucherte Weinberge. Immer wieder eröffnen sich schöne Rückblicke auf die imposante Festung.

Nach etwa 1.15 Std. zweigt links der schmale, kaum erkennbare Pfad ab, den wir später wieder zurückkommen. Wir gehen zunächst rechts weiter. Ca. 15 Min. später folgen wir an einer Gabelung dem breiteren Pfad links. Kurz darauf ist ein kleines Geröllfeld zu queren. Rechts blickt man ins Tal der Têt hinunter auf den Ort Prades und den Stausee bei Vinça. Im Hintergrund erstreckt sich die weite Ebene des Roussillon. Hinter einem großen Felsblock zur Rechten treffen wir erneut auf eine Gabelung (1.45 Std.) und bleiben wiederum links oben auf dem breiteren Pfad. Kurz darauf sehen wir dann rechts unter uns einen breiten Fahrweg und dahinter auf einer Kuppe die Ruine der Kirche von Belloc. Eine kleine Wiese wird gequert. Dahinter finden wir unseren Pfad wieder und kommen bald ganz unvermittelt auf den Fahrweg, dem wir nach rechts in das verlassene Dorf **Belloc** folgen (2 Std.).

Es lohnt sich, ein wenig zwischen den Häuserruinen herumzustreifen oder zum Picknick auf einer der blumenübersäten Wiesen zu verweilen,

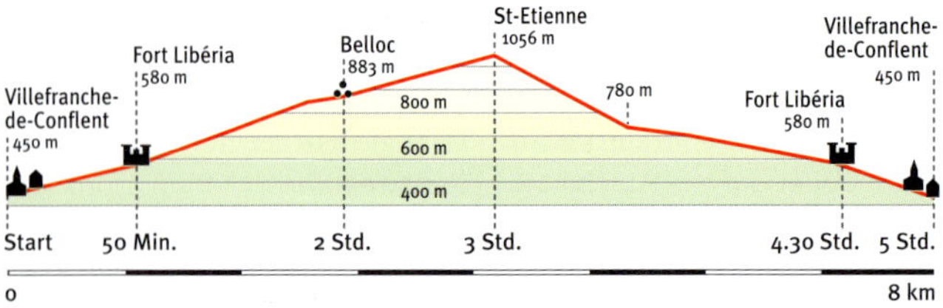

Mittelalterliche Festungsmauern umgeben Villefranche-de-Conflent

bevor man den Fahrweg nun in umgekehrter Richtung bergauf einschlägt. Schon nach etwa 50 m zweigt rechts ein gelb und rot markierter Pfad ab. Er führt durch schattigen Wald bergauf. Nach einer Weile kreuzt unser Pfad einen breiteren Weg (2.45 Std.). Weiter geht es, immer noch der gelb-roten Markierung folgend, bergauf. Wir blicken zurück und sehen wiederum in das Tal der Têt hinunter.

Dann ist die Ruine der **Kapelle St-Etienne** erreicht (3 Std.), die zu einer Schutzhütte umgebaut wurde. Ein Fahrweg führt bergauf, und nach wenigen Metern biegen wir links auf einen Pfad ab, der oberhalb einer markanten Felsnase zunächst noch leicht bergan verläuft, abgestützt durch eine niedrige Steinmauer. Bald ist eine Gabelung erreicht, an der wir uns links halten. Von nun an geht es in Serpentinen den steilen Hang bergab, auf das Fort Libéria zu, das man jetzt stets vor Augen hat. Tief unter uns liegt Villefranche-de-Conflent, im Hintergrund der Kurort Vernet-les-Bains vor dem Canigou-Massiv.

Nach steilem Abstieg erreichen wir den Pfad nach Belloc (4 Std.), der uns vom Hinweg her bekannt ist. Ihm folgen wir nun nach rechts zum **Fort Libéria** (4.30 Std.). Im Inneren der Festung führt eine unterirdische Treppe mit etwa 1000 Stufen zur Stadt **Villefranche** hinunter. Der Museumswärter weist den Weg. Unten treten wir durch eine Pforte, die wieder verschlossen werden muß, auf einen breiten Weg, der uns nach links zum Eisenbahntunnel und weiter zum **Bahnhof** führt (5 Std.).

Wir können aber auch geradeaus über eine Brücke in die Stadt gelangen, die einen Besuch wert ist. Seit dem Mittelalter hat sich hier nur wenig verändert. Dicke Festungsmauern aus dem 11. Jh., die Vauban im 17. Jh. verstärken ließ, umgeben die engen Gassen und winzigen Häuser, in denen Souvenirläden und urige Kneipen untergebracht sind.

Tour 6

Auf uralten Wegen

Von Olette über Oreilla zur Burgruine von Evol

Durch aufgelassene Weinberge und Eichenwälder erreichen wir über einen alten Verbindungsweg die Ruine der Burg von Evol, deren Innenhof sich für ein Picknick anbietet.

DIE WANDERUNG IN KÜRZE

+ Anspruch

3 Std. Gehzeit

300 m An-/Abstieg

Charakter: nach kurzem, recht steilem Anstieg zu Beginn verläuft der Weg bequem und mit sanften Steigungen

Wanderkarte: Carte de Randonnées 1:50 000, Pyrénées, carte n° 10: Canigou

Einkehrmöglichkeiten: nur in Olette

Anfahrt: mit dem **Zug** von Perpignan nach Villefranche-de-Conflent, von dort weiter mit dem Train Jaune bis Olette, oder von Latour-de-Carol mit dem Train Jaune nach Olette; mit dem **Auto** von Perpignan bzw. Puigcerdà/Font Romeu auf der N 116 bis Olette, dort am Bahnhof (S.N.C.F.) parken

Fahrzeiten: Train Jaune: altertümliche Schmalspurbahn, die auf eingleisiger Strecke durch das Tal der Têt zur Hochebene der Cerdagne fährt – ein eindrucksvolles Erlebnis; 3–7 x tägl. (aktuelle Fahrpläne bei den örtlichen Fremdenverkehrsämtern)

Vor dem Bahnhof von **Olette** wenden wir uns links, steigen also nicht über die Treppe ins Stadtzentrum hinauf. Eine schmale Straße verläuft an den Bahngleisen entlang zur Hauptstraße, die nach etwa 300 m erreicht ist. An dieser gehen wir links und zweigen nach weiteren 50 m gegenüber einer Tankstelle rechts Richtung Oreilla ab. Die Straße führt in ein enges Tal hinein. Links über uns sehen wir auf einer Kuppe die Ruine eines kleinen Turms. Ungefähr 300 m hinter der Abzweigung weist links ein kleines Schild nach Oreilla (20 Min.). Über eine Fußgängerbrücke geht es auf die andere Talseite und dann weiter auf einem breiten, inzwischen

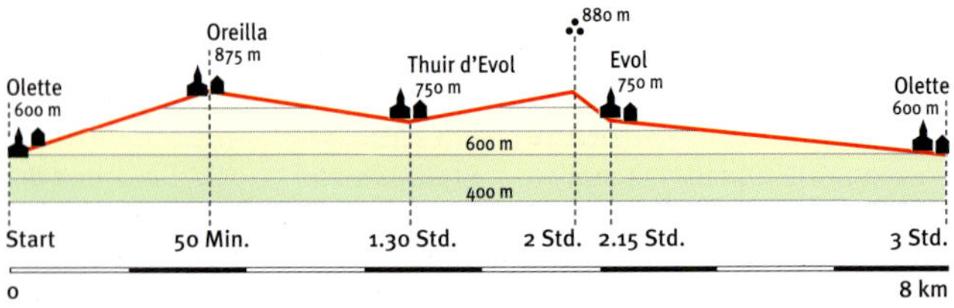

aber schon recht zugewachsenen Weg bergauf. Früher war dies die Hauptverbindung zwischen den Orten Olette und Oreilla.

Eine schmale Abzweigung zur Rechten, nach etwa 100 m, beachten wir nicht. Schon kurze Zeit später gabelt sich der Weg, und wir folgen dem Schild Richtung Oreilla nach rechts. In Serpentinen geht es nun bergauf durch lichten Steineichenwald. Immer wieder kann man die langen Kurven auf schmalen, steilen Pfaden abkürzen.

Der Weg quert schließlich die Teerstraße nach Oreilla und führt geradeaus auf eine Viehweide zu. Um diese müssen wir links herumgehen. Danach verläuft der Weg stets geradeaus. Ein Bach stürzt von links den Hang hinunter, und kurz darauf sind die ersten Häuser von **Oreilla** erreicht (50 Min.). Unterhalb einer hohen Mauer beschreibt der Weg nun eine Linkskurve und steigt dann steil an. An der Kirche vorbei gelangen wir zur Hauptstraße, der wir nach rechts durch den kleinen Ort folgen. Rechts sehen wir tief unter uns bereits das Dorf Evol mit seinen verschachtelten Häusern und den dunklen Schieferdächern. Etwas außerhalb von Evol steht die romanische Kirche St-André, auf deren Turm die katalanische Flagge weht.

Die wenigen Häuser von Oreilla sind schnell passiert, in einer engen Straßenkurve zweigt rechts ein Fahrweg ab (1 Std.), der weiter in das Tal hineinführt. Der Weg gabelt sich bald, und wir gehen links oben weiter. An der nächsten Abzweigung halten wir uns wiederum links. Rechts unter uns blicken wir auf mehrere große Viehställe. Sobald links am Berg ein einsames Haus in Sicht kommt, gelangen wir an eine Weggabelung, an der wir nun nach rechts

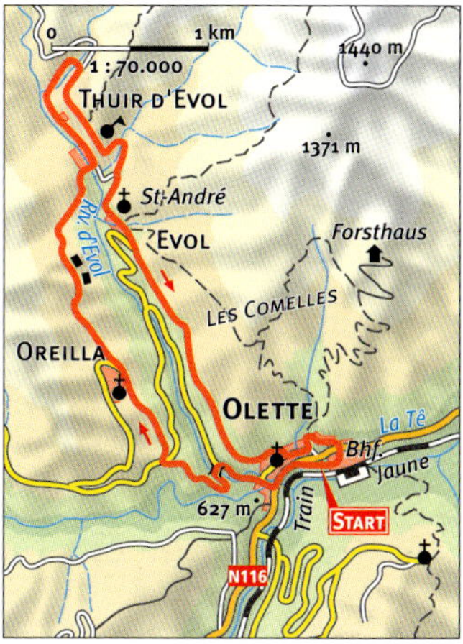

hinab und schon nach wenigen Metern wiederum nach rechts abbiegen. Ein schmaler Pfad führt hier in Serpentinen steil hinunter. Orientieren können wir uns an den weißen Markierungen, die hier und da an Bäumen oder Felsen angebracht sind. Der Pfad führt später hangparallel weiter und wird zunehmend breiter. Zwischen Viehweiden und durch Steineichenwald wandern wir allmählich bergab.

Direkt voraus ist jetzt die Burgruine von Evol zu erkennen, und das regelmäßig wiederkehrende Schlagen der Turmuhr von St-André begleitet uns beim Abstieg in den Talgrund. Vor dem ersten Haus treffen wir auf einen Fahrweg, dem wir etwa 100 m nach links folgen. Auf einer Brücke geht es dann über den Bach und auf einem geteerten Weg zur Straße hinauf. Dort halten wir uns links und befinden uns schon bald im Zentrum der winzigen Ansiedlung **Thuir d'Evol** (1.30 Std.), die nur aus wenigen Häusern besteht. Am Ortsende, hinter einer Hausruine, zweigt rechts ein schmaler Pfad ab, der in Serpentinen steil bergauf führt. An einem kleinen Wasserlauf gehen wir links und kommen bald darauf auf einen breiteren Weg, auf dem wir nach rechts ins Tal absteigen.

Bald ist eine schmale Teerstraße erreicht, der wir weiter bergab folgen. Jetzt gilt es aufzupassen, denn schon nach etwa 100 m, sobald die Burgruine in Sicht kommt, müssen wir links in einen schmalen Trampelpfad einbiegen, der durch niedriges Gebüsch zur Ruine hinaufführt. Nach einem kurzen, steilen Anstieg stehen wir dann im Innenhof der mittelalterlichen **Burgruine** (2 Std.).

Der Platz bietet sich für eine Rast an, und die Ruine lädt zu einem Erkundungsrundgang ein. Die wuchtige Burg wurde 1260 unter Guillaume de SO erbaut. Sie beherrschte einstmals das Tal von Evol und diente als Residenz des Grafengeschlechts, das später den Ort Olette gründete.

Anschließend steigen wir wieder zur Straße hinunter und folgen dieser nach links. Schon nach wenigen Minuten kommen wir an eine breitere Teerstraße, die uns nach links Richtung Evol führt. Nach 100 m zweigt links vor dem Ort **Evol** ein Pfad zur Kirche St-André ab (2.15 Std.). Durch eine eiserne Pforte findet man Einlaß in den Kirchhof, in dem u. a. die kunstvoll geschmiedeten Eisenkreuze aus vergangenen Jahrzehnten Beachtung verdienen. Die Kirche selbst ist meist verschlossen.

Nach der Besichtigung gehen wir links auf einer Treppe zur Straße hinunter und an einer Wasserleitung entlang in den Ort hinein. Dort gelangen wir auf eine etwas breitere Straße, der wir stets geradeaus folgen. Hinter dem Ort beschreibt die Straße eine scharfe Rechtskurve, an der ein Schild geradeaus nach Olette weist. Auf einem bequemen Wanderweg geht es weiter. Sanft steigt der Weg vom Tal aufwärts, vorbei an aufgelassenen Terrassenfeldern, deren Bearbeitung nicht mehr lohnt. Unterwegs passieren wir einen Marienschrein (1855). Wir befinden uns nun hoch über dem Talgrund und schauen bald darauf rechts hinunter auf die uns schon vom Hinweg bekannte Turmruine bei Olette.

Unser Weg quert eine Wasserleitung, steil geht es nun weiter bergab auf die Häuser des Ortes zu. Unter einem Torbogen hindurch kommen wir nach **Olette** und stoßen bald auf eine breitere Straße, der wir nach links ins Zentrum folgen. Noch etwa 200 m sind es bis zum platanenbestandenen Marktplatz. Dahinter gelangen wir rechts zur Hauptstraße, queren diese und gehen geradeaus, an der Kirche vorbei, zum Bahnhof hinunter (3 Std.).

Rund um die heilige Quelle

Von Font-Romeu zum Etang de Pradeilles
Vom Wintersportzentrum Font-Romeu wandern wir zunächst zum Col del Pam, der eine grandiose Sicht auf die umliegende Bergwelt bietet. Ziel der Wanderung ist der Bergsee Etang de Pradeilles.

DIE WANDERUNG IN KÜRZE

++ Anspruch

6.30 Std. Gehzeit

15 km Länge

Charakter: vorwiegend bequeme Waldwege; Orientierung nicht ganz einfach; keine nennenswerten Höhenunterschiede

Ausrüstung: Badesachen

Wanderkarte: Carte de Randonnées 1:50 000, Pyrénées, carte n° 8: Cerdagne – Capcir

Einkehrmöglichkeiten: Snack-Bar und Restaurant an der Ermitage Font-Romeu

Anfahrt: mit dem **Zug** (Train Jaune, s. Tour 6) nach Font-Romeu (Odeillo-Via), von dort fahren Busse im Pendelverkehr nach Font-Romeu; mit dem **Auto** auf der N 116 von Perpignan nach Mont-Louis, dort weiter auf der D 618, den Schildern Richtung Font-Fomeu folgend, vor dem Ort Parkmöglichkeit an der Ermitage Font-Romeu (verkürzt die Gehzeit um 20 Min.)

Öffnungszeiten: Kapelle der Ermitage Font-Romeu: Anf. Juli–Anf. Sept., sonst nur während der Messen zugänglich

Die Wanderung beginnt am Office de Tourisme (Tourismusbüro) von **Font-Romeu.** Wir folgen zunächst der Straße nach Mont-Louis bergauf. Eine neue Straße, die außerhalb des Ortes abzweigt, lassen wir rechts liegen. Voraus erblicken wir die Christusfigur auf dem Mont Calvaire (Kalvarienberg). Bald erreichen wir die **Ermitage Font-Romeu** (20 Min.), einen wuchtigen Komplex, dessen Gebäude rund um einen Innenhof errichtet wurden. Wer von der Straße aus den Hof betritt, sieht auf der gegenüberliegenden Seite die Kapelle der Einsiedelei. Wir verlassen den Hof nach hinten, schauen links um die Ecke des Gebäudes und steigen eine Treppe zu dem kleinen Wasserbecken hinunter, in dem sich das Quellwasser sammelt.

Die gleichnamige Kapelle der Einsiedelei stammt aus dem 17. bis 18. Jh. und wurde 1969 restauriert. Aus einer Außenmauer sprudelt die Quelle Fons Salutis Maria, bei der eine Madonnenfigur gefunden worden sein soll und der wundertätige Kräfte zugesprochen werden. Heilungssuchende Gläubige haben Gelegenheit, in dem Quellwasser zu baden. Zahlreiche abgelegte Krükken zeugen von der Wunderwirkung des Gesundbrunnens.

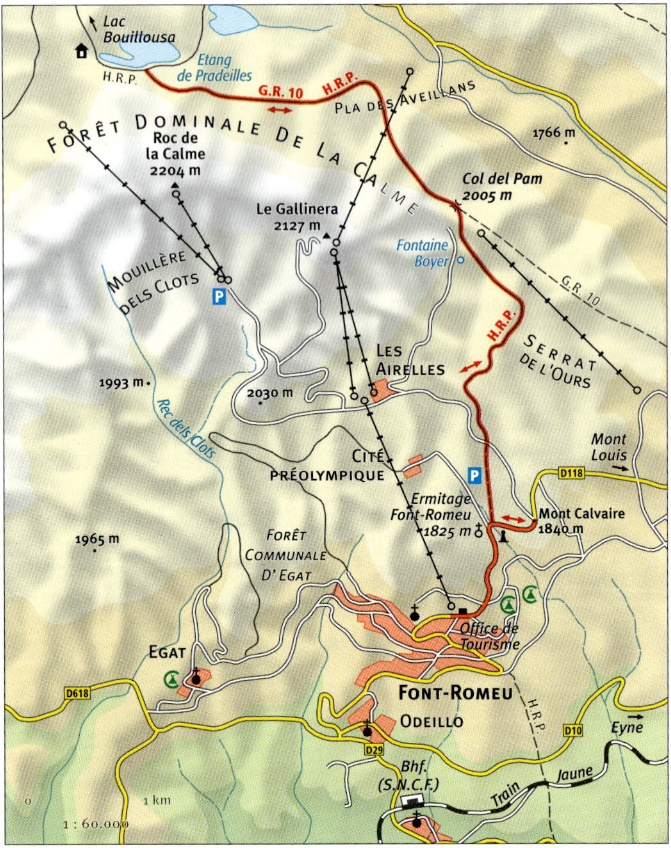

Vom rückwärtigen Ausgang des Hofes ist bergaufwärts ein Transformatorenhäuschen auszumachen. Dort gehen wir rechts hinauf. Die Stelle ist rot-blau markiert und mit der Nr. 20 ausgeschildert. Wir waten durch einen kleinen Bach und steigen durch Kiefernwald, der hier am sonnigen und trockenen Südhang des Carlit-Massivs die montane Stufe beherrscht, bergauf, immer der roten Markierung folgend. Bald sehen

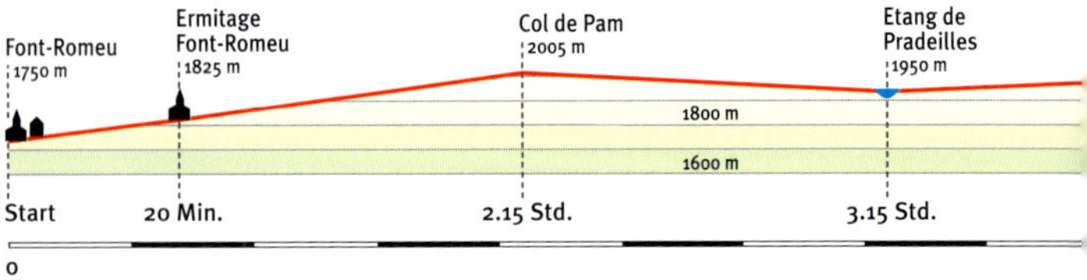

wir zur Linken die Cité Préolympique, ein vorolympisches Trainingszentrum.

An einem großen Park- und Picknickplatz (50 Min.) queren wir die Straße schräg nach links und orientieren uns an einem schmalen Pfad bergauf. Rechts zweigt ein Weg zum Serrat de l'Ours ab. Wir aber halten uns geradeaus. Die Abzweigung des Weges Nr. 19 nach links an einer kleinen Ebereschengruppe lassen wir ebenfalls unbeachtet.

Dann ist der Picknickplatz am **Col del Pam** erreicht (2.15 Std.): hier laden Tische und Bänke zu einer Rast ein. Links in dem eingezäunten Gelände plätschert die Quelle Font Boyer. Weiter geht es quer über den Picknickplatz, stets geradeaus, wobei wir uns an den rot-weißen Markierungen orientieren. Wir überschreiten eine Skilifttrasse und stehen kurz darauf ganz überraschend am Ende eines Parkplatzes auf einem Aussichtsbalkon (mit Orientierungstafel für Skifahrer). Hier genießt man einen herrlichen Rundblick: das firnschneebedeckte Carlit-Massiv zur Linken, unter uns das Capcir-Hochtal, gegenüber das Massiv des Canigou und rechts die Puigmal-Bergkette.

Direkt vom Aussichtspunkt führt links ein schmaler Pfad in den Wald hinein. Er verläuft stets parallel zur Lifttrasse. Wir passieren ein Transformatorenhäuschen und folgen weiter den rot-weißen Markierungen bergauf. Kurz darauf müssen wir an einer Gabelung den rechten Weg nehmen. Ein Schild weist hier zum Lac Bouillousa. Unser Weg verläuft nun steil bergab, quert eine Skipiste und bald darauf eine Sessellifttrasse. Der steinige Pfad führt am schattigen Nordhang durch flechtenbewachsenen Wald. Immer wieder kreuzen farnbestandene Bachläufe den Weg, an denen zahlreiche Grasfrösche leben. Der Wald lichtet sich, und wir treffen auf einen breiteren Weg, auf dem wir nach links gehen. Er führt ziemlich steil bergauf. Dann kommt unvermittelt ein tiefblauer Gebirgssee in Sicht. Es ist der **Etang de Pradeilles**, Ziel unserer Wanderung (3.15 Std.).

Der Rückweg nach Font-Romeu erfolgt wie der Hinweg. Von der **Ermitage Font-Romeu** (5.45 Std.) aus können wir noch einen kurzen Abstecher zum **Mont Calvaire** machen. Dazu queren wir wieder den Innenhof der Einsiedelei. Dahinter geht es auf der Straße links bergauf, bis wir unterhalb der kleinen Kuppe des Kalvarienberges stehen. Rechts zweigt der heute nicht mehr gepflegte Kreuzweg ab, der sich spiralförmig zum Gipfel emporschraubt. Der Hügel ist schnell erklommen, und von oben genießen wir die hervorragende Rundumsicht auf die Cerdagne und die umliegenden Gebirgsketten. Anschließend kehren wir zur Straße zurück und steigen nach **Font-Romeu** hinunter (6.30 Std.).

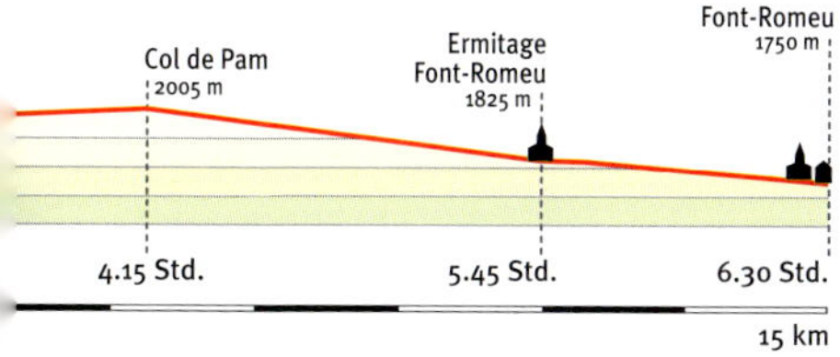

Tour 8

Ins Mekka der Botaniker

Von Llo ins Vallée d'Eyne

Diese Wanderroute dürfte vor allem das Herz von Botanikern höher schlagen lassen, da das Tal von Eyne insbesondere für seinen Reichtum an seltenen Pflanzenarten bekannt ist.

DIE WANDERUNG IN KÜRZE

+++ Anspruch

7 Std. Gehzeit

950 m An-/Abstieg

Charakter: recht anstrengender Aufstieg über einen Bergpfad

Wanderkarte: Carte de Randonnées 1:50 000, Pyrénées, carte n° 8: Cerdagne – Capcir

Einkehrmöglichkeiten: nur in Llo

Anfahrt: mit dem **Zug** (Train Jaune, s. Tour 6) nach Saillagouse, von dort zu Fuß (3 km) oder mit dem Taxi nach Llo; mit dem **Auto** auf der N 116 von Perpignan über Saillagouse nach Llo, von dort Richtung Eyne (Parkmöglichkeit am Ortsrand)

Hinweis: Beginn der Wanderung (nur Autofahrer) am Parkplatz des Vallée d'Eyne (Gehzeitverkürzung insgesamt 3 Std.); vom Endpunkt der Wanderung zusätzlich Aufstieg zum Col de Núria möglich (Hin- und Rückweg 3 Std.)

Am Ortseingang von **Llo** führt rechts eine Straße ins Zentrum, links zweigt die Straße nach Eyne ab. Hier beginnt unsere Wanderung. Die Straße führt in Serpentinen bergauf. Nach der zweiten Rechtskurve achten wir auf eine rot-weiß gestrichene Schranke zur Rechten. Etwa 100 m dahinter quert ein weiß-rot markierter Wanderweg die Straße (30 Min.). Ein Holzbriefkasten auf der linken Seite kennzeichnet die Stelle.

Unser Wanderweg steigt nun steil an. Nach ungefähr 100 m überschrei-

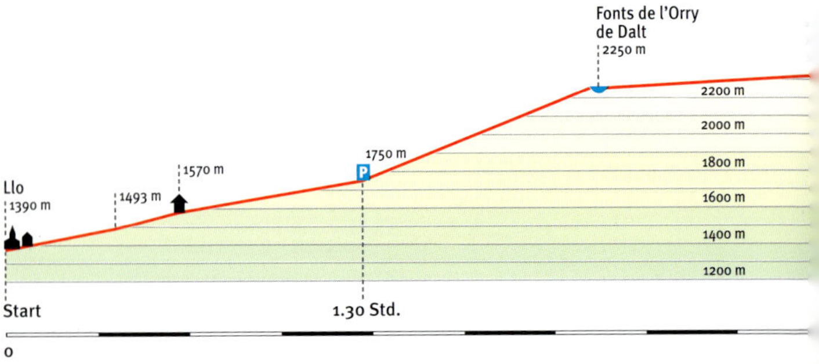

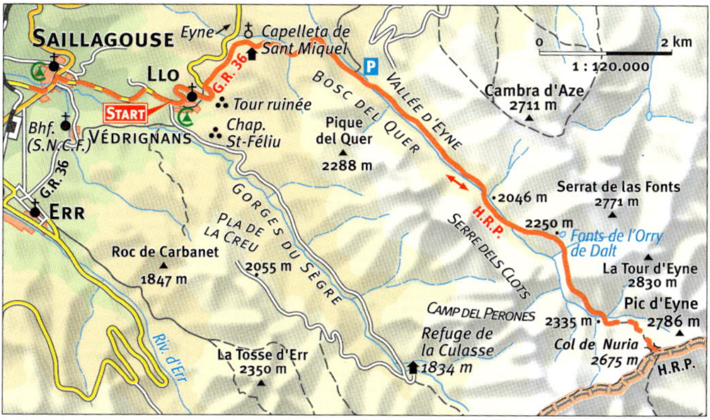

ten wir nochmals die Straße, und dann geht es weiter aufwärts auf einem Hohlweg, durch den ein Rinnsal fließt. Schon bald müssen wir rechts auf die Wiese hinaufsteigen, da der Weg sumpfig wird. Auf der im Frühsommer üppig blühenden Wiese setzen wir parallel zum Hohlweg auf einem schmalen Pfad die Wanderung fort. Oberhalb einer Baumgruppe wechselt der Pfad das Ufer des Wasserlaufes und trifft auf einen breiteren Feldweg, der uns bald darauf zur Straße führt. Dieser folgen wir nun ein kurzes Stück bergauf und passieren nach etwa 200 m auf der rechten Seite eine niedrige **Schutzhütte**. Wenige Meter dahinter zweigt unser Wanderweg rechts ab. Immer noch folgen wir den weiß-roten Markierungen. Der recht breite Fahrweg gabelt sich schon bald, und wir gehen links zwischen Wiesen und Weiden weiter. Nach einer Weile gabelt sich der Weg erneut (1.15 Std.). Auf dem linken, unteren Weg gelangen wir nach etwa 70 m an einen reißenden Gebirgsbach, den wir auf einer Brükke überqueren. Geradeaus wandern wir auf dem breiten Weg weiter. Die Weideflächen weichen allmählich einem immer dichter werdenden Kiefernwald. Dann endet der Forstweg, und auf einem schmalen, blau markierten Pfad geht es rechts hinauf.

Schon kurze Zeit später erreicht der Pfad einen breiteren Weg, auf dem wir uns rechts halten. Nach we-

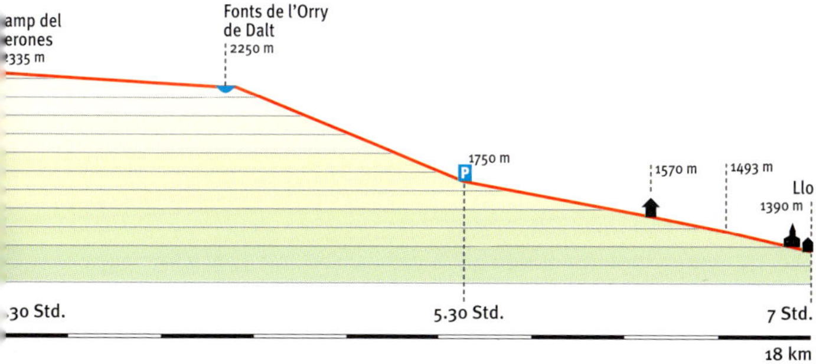

nigen Minuten kommen wir an einen kleinen **Parkplatz** (1.30 Std.), an dem eine Informationstafel auf das Tal von Eyne hindeutet. (Autofahrer können die Wanderung auch hier beginnen!) Auf einem breiten Pfad setzen wir rechts den Weg ins Tal fort. Nach Durchschreiten einer Pforte geht es stetig bergauf.

Nach einiger Zeit lichtet sich der Wald etwas, und rückblickend können wir die schöne Aussicht auf das Wintersportzentrum Font-Romeu genießen. Der Weg verläuft nun in unmittelbarer Nähe des Baches. Rechts und links erheben sich steile Wände, aber der Talgrund selbst ist meist sonnendurchflutet.

Wir passieren ein Weidegatter. Der Wald hat inzwischen einer riesigen Weidefläche Platz gemacht. Vor einer Felsnase endet der Wiesenweg. Ein schmaler Pfad führt nun in Serpentinen steil nach rechts oben. Nachdem die Felsnase überwunden ist, kommt links ein hübscher Wasserfall in Sicht. Nach einer Weile mündet von links ein Seitenbach, und dahinter liegt ein mächtiger Felsklotz mitten im Talgrund. Der Weg wird nun steiler. Dann sind die ersten Firnschneefelder an den Nordhängen zu sehen. Wir haben eine wellige Hochebene, den **Camp del Perones**, erreicht (3.30 Std.).

Konditionsstarke Wanderer können noch den Aufstieg zum Col de Núria anschließen. Etwa 350 m sind zusätzlich zu überwinden, und man benötigt für Hin- und Rückweg ca. 3 Std. Dort wo der Bach sich gabelt, führt ein Weg zwischen den beiden Wasserläufen auf einen flachen Bergrücken hinauf und dann in das linke Tal hinein. In Serpentinen gelangt man auf dem nicht zu verfehlenden Pfad steil zur Paßhöhe des **Col de Núria** hinauf. Bei gutem Wetter bietet sich eine hervorragende Aussicht auf die spanische Seite der Pyrenäen.

Auf dem gleichen Weg kehren wir nach **Llo** zurück (7 Std.).

Vegetationsstufen am Wege

Auf dem abwechslungsreichen Weg durch das Vallée d'Eyne werden fast alle Vegetationsstufen der Pyrenäen durchwandert.

Die **montane Stufe** reicht bis in etwa 1700 m Höhe. Hohe Niederschlagsmengen und häufiger Nebel sorgen für ständige Feuchtigkeit. Hier gedeiht von Natur aus dichter Buchenwald, der mit Tannen durchsetzt ist.

In einem schmalen **Übergangsbereich** wachsen Birken und Ebereschen. Darüber verschwinden die Laubbäume und machen in der subalpinen Stufe einem lichten Nadelwald Platz. Nur noch eine einzige Baumart kommt in den Pyrenäen in dieser Zone vor, die Hakenkiefer. Sie ist mit der Latsche der Alpen verwandt, wächst aber im Gegensatz zu dieser aufrecht. Aufgrund ihrer geringen Frostanfälligkeit kann sie bis in etwa 2300 m Höhe gedeihen.

Dann ist die **alpine Stufe** erreicht, die der Pflanzenwelt die härtesten Bedingungen stellt. Sowohl für Bäume als auch für Sträucher ist nun die Obergrenze erreicht. Darüber gibt es nur noch rasenbedeckte Almen. Sehr kalte Winter, Temperaturunterschiede zwischen Tag und Nacht von bis zu 50 °C an der Bodenoberfläche und Schneebedeckung über einen Zeitraum von sieben bis zehn Monaten lassen nur speziell angepaßte Pflanzen mit ausgeprägtem Zwergwuchs gedeihen. Diese blühen besonders üppig und farbenprächtig.

Auf den Spuren der Pilger

Rund um Núria und entlang des Riu de Núria nach Queralbs
Eingebettet in eine Almenlandschaft liegt das ehemalige Kloster Núria, das mit der Zahnradbahn zu erreichen ist. Der Wanderweg führt auf dem alten Pilgerweg hinab durch ein reizvolles, menschenleeres Gebirgstal.

DIE WANDERUNG IN KÜRZE

++
Anspruch

4.30 Std.
Gehzeit

950 m
Abstieg

Charakter: mehr oder weniger steiler Abstieg auf steinigem Weg, Trittsicherheit erforderlich

Wanderkarte: Mapa excursionista 20, Puigmal – Costabona

Einkehrmöglichkeiten: im Kloster Núria und in Queralbs

Anfahrt: mit dem **Zug** von Barcelona oder Puigcerdà nach Ribes de Freser, weiter mit der Zahnradbahn (Ferrocarril Cremallera) nach Núria; mit dem **Auto** auf der N 152 von Puigcerdà bzw. Ripoll bis Ribes de Freser, weiter zum 7 km entfernten Queralbs (Beschilderung folgen), dort in die Zahnradbahn Richtung Núria zusteigen (großer Parkplatz unterhalb des Bahnhofs); Núria besitzt keinen Straßenanschluß

Unterkunft: Hotel ›Vall de Núria‹ (im ehemaligen Kloster), gehobene Mittelklasse und nicht ganz billig, ✆ 972 73 03 26

Fahrzeiten: Zahnradbahn: verkehrt tägl., Ende Juni–Ende Sept. etwa stdl.; Okt., Dez.–Juni etwa alle 2 Std.

In **Núria** verlassen wir die **Bergstation** der Zahnradbahn an ihrer oberen Seite und laufen bis zum Ende der Gleise weiter. Oberhalb des sich dort erhebenden Bahnwärterhauses finden wir eine Wanderkarte und ein Hinweisschild Richtung Noucreus. Wir gehen an dem dortigen Bach entlang aufwärts bis zu einem zweiten Hinweisschild, das sich etwa 50 m von dem ersten entfernt neben einer kleinen Steinbrücke befindet. Dort zweigen wir rechts ab und gehen über die Brücke, den weiß-roten Markierungen des G.R. 11 folgend. Auf der gegenüberliegenden Talseite gehen wir durch wegloses Gelände auf einer Wiese ein Stück aufwärts, bis wir etwa 50 m über dem Bach an einem hohen Holzzaun auf einen breiten Wanderweg stoßen. Diesem folgen wir nach links.

Den Bach zur Linken, geht es am Talhang entlang stetig aufwärts. Einzelne Kiefern und zahlreiche Alpenrosen säumen den Weg, im Sommer blüht der Rittersporn. Nach ca. 15 Min. trifft der Pfad auf einen breiten

Weg, auf dem es nun nach links aufwärts geht. An einer Weggabelung halten wir uns links, weiter dem G.R. 11 talaufwärts folgend. Die schüttere Bewaldung ist inzwischen einer kargen Weidelandschaft gewichen. Der Blick schweift aufwärts bis zum Hauptkamm der Pyrenäen, der hier ca. 2800 m hoch ist.

Der Fahrweg verengt sich nun zu einem schmalen Bergpfad. Wir erreichen eine **Talgabelung** (40 Min.), ein idyllischer Flecken Erde, wo das Wasser aus zwei Taleinschnitten zusammenfließt und sich in der Regel zahlreiche Kühe mit ihren Kälbern, eine genügsame Bergrasse, zur Tränke einfindet. An den Bachrändern blühen gelber Enzian, Knabenkraut und Fiedernelken. Es lohnt sich, ein wenig zu verweilen und die Aussicht zu genießen, bevor man zum letzten Wegweiser zurückkehrt.

Hier gehen wir nun links, der Beschilderung ›Camí de Bosc‹ folgend. Ein breiter Weg führt uns oberhalb eines Lawinenschutzzauns zunächst leicht bergan und verläuft dann etwa höhenparallel weiter.

Wir queren die Trasse eines Sessellifts, der im Winter Skifahrer in größere Höhen transportiert. Der Hang ist hier recht dicht mit Kiefern bewaldet, doch hin und wieder ist es möglich, zwischen den Bäumen einen Blick auf das zur Skistation umgebaute ehemalige Kloster von Núria zu werfen, das bald direkt rechts unter uns liegt. Der nun wieder schmalere Pfad tritt aus dem Wald heraus. Vor uns erkennen wir schon die Bergstation einer Gondelbahn, auf die wir nun, eine Almwiese querend, zuhalten. Wir passieren eine Lücke in einem Lawinenschutzzaun und stehen kurz darauf an der zum **Berghotel** ausgebauten **Bahnstation** (1 Std.).

Wir orientieren uns an einem Wegweiser und folgen vor dem Hotel rechts abwärts dem Camí de les Creus. Dabei lassen wir uns nicht von einem breiten Weg irritieren, der, die Gondelbahn zur Linken, parallel zu dieser sanft abwärts verläuft, sondern queren die Bahntrasse unmittelbar unterhalb der Bergstation weglos, um dort auf einen breiten, steinigen Fahrweg zu gelangen, auf dem wir uns abwärts halten. Zwei Wegkurven weiter treffen wir auf ein Ensemble eigenwillig geformter moderner Kreuze. Auch ein halbrunder Höhlenaltar fehlt nicht. Wir laufen den Fahrweg weiter abwärts und passieren weitere Kreuzwegstationen, bei denen jede einzelne eine genauere Betrachtung lohnt. Dann

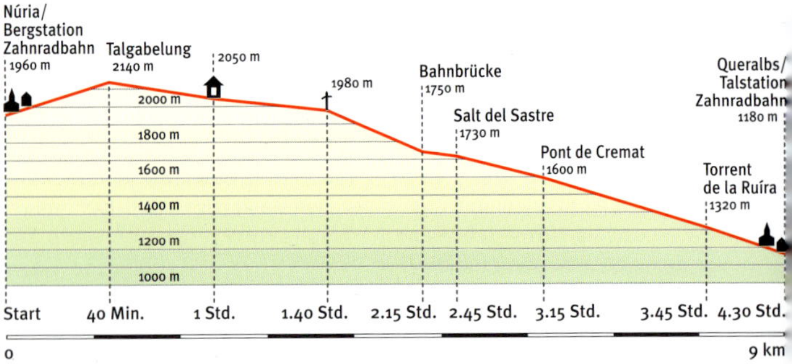

passieren wir wiederum die Trasse der Kabinenbahn und stehen kurz darauf an deren Talstation (1.30 Std.). Dahinter führen Treppenstufen zum Bahnhof der Zahnradbahn, deren Gleise wir überqueren, um in das umgebaute **Kloster** von Núria zu gelangen, wo wir in der Selbstbedienungs-Cafeteria eine Pause einlegen können. Auch lohnt ein kurzer Besuch der Wallfahrtskirche, die 1911 an der Stelle eines Vorgängerbaus errichtet wurde. In Núria verehrt man seit dem Mittelalter eine Madonnenfigur, die als Schutzheilige der Schäfer gilt. Auch heute noch kommen zahlreiche Pilger hierher, wenngleich mittlerweile Wanderer und Wintersportler überwiegen.

Der zweite Teil der Wanderung beginnt auf der Terrasse vor der ehemaligen Klosterkirche von Núria. Auf einem von gepflegten Rasenflächen eingefaßten Fußweg wechseln wir zur rechten Seite des Sees hinüber, wo wir auf eine Informationstafel und einen Wegweiser treffen. Dieser weist uns Richtung Queralbs. Wir laufen oberhalb des Sees an einer gefaßten Quelle vorbei, gehen also nicht direkt am Wasser entlang weiter zur Staumauer. Diese passiert unser weiß-rot markierter Wanderweg schon in einiger Höhe am Hang, denn zunächst geht es leicht bergauf bis zu einem Sattel, wo sich ein **Wegkreuz** erhebt (1.40 Std.). Von hier aus können wir nach links einen kurzen Abstecher zu einem Aussichtsbalkon auf einem isoliert stehenden Felsklotz machen, von wo aus sich ein schöner Blick sowohl Richtung Núria als auch talabwärts ergibt.

Dann kehren wir zurück zum Sattel, wo sich der Wanderweg gabelt. Wir gehen links, dem G.R. 11 Richtung Queralbs folgend. Zunächst auf einer Felstreppe mit überdimensio-

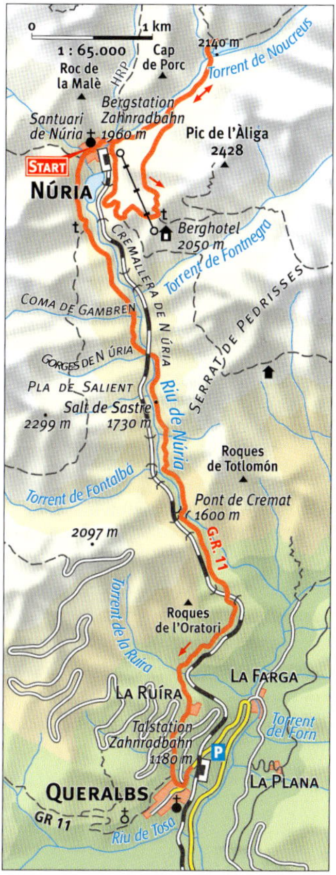

nalen Stufen und dann auf einem grobgepflasterten Weg geht es nun recht steil bergab. Später läßt das Gefälle nach, man kann wieder locker ausschreiten und läuft durch lichten Kiefernwald.

Auf der anderen Talseite begleiten die Gleise der Zahnradbahn unsere Route. Auf einer darauffolgenden steileren Passage kann man mehrere Wegserpentinen auf steilen Pfaden abkürzen. Dies ist jedoch nur sehr trittsicheren Wanderern zu empfehlen. Das steile Bett eines Seitenbaches wird auf großen Steinplatten überschritten (2 Std.). Der Talgrund des Riu de Núria liegt hier nur noch etwa 30 Höhenmeter unterhalb des Weges. Mehrere, dicht mit grünen Flechten überzogene Gesteinslawinen sind zu übersteigen, was jedoch keine größeren Schwierigkeiten verursacht.

Dann laufen wir unmittelbar am Ufer des Riu de Núria weiter. Der Fluß fließt hier durch die Pla de Sallent, einen rund 1800 m hoch gelegenen, flacheren und breiteren Talabschnitt. Wir gehen unter einer **Bahnbrücke** hindurch und queren dabei gleichzeitig den Wasserlauf (2.15 Std.). Wenige Meter dahinter folgen wir an einer Gabelung der weiß-roten Markierung nach rechts, also flußabwärts. Voraus verengt sich das Tal wieder sichtlich. Der Weg wird steiler, ist wieder gepflastert und umgeht einen Wasserfall, den sogenannten ›Pferdeschwanz‹. Danach verliert unser Weg nicht mehr an Höhe und verläuft bald wieder hoch über dem Flußbett. Tief unter uns verengt sich das Tal zu einer schmalen Klamm. Die Zahnradbahn auf der gegenüberliegenden Talseite verläuft an dieser Stelle durch einen Tunnel.

Der Weg gewinnt vorübergehend ein wenig an Höhe und passiert den 1730 m hohen Felsvorsprung **Salt del Sastre** (2.45 Std). Auf der anderen Talseite stürzt ein imposanter Wasserfall den Hang hinab.

Von nun an geht es wieder steil bergab. Der weitere Wegverlauf ist tief unten im Talgrund zu erkennen. Durch offenes, von Kräutern und blühenden Stauden überwuchertes Gelände laufen wir nun in Serpentinen abwärts und queren einen schmalen, mit Betonplatten abgedeckten Wasserkanal, der mit geringstmöglichem Gefälle das kostbare Naß zu Bewässerungszwecken aus dem Tal herausleitet. Einige weitere Serpentinen, die durch steile, aber nur sehr trittsicheren Wanderern zu empfehlende Pfade abgekürzt werden können, führen weiter talabwärts.

Wir passieren das Refugi Sant Rafael, einen schützenden Unterstand in der Felswand links des Weges. Etwa 5 Min. später haben wir den Talgrund erreicht und queren das Flußbett auf der elegant geschwungenen **Pont de Cremat** (3.15 Std.). Kurz darauf gabelt sich der Pfad. Wir ignorieren den linken, mit Steinpyramiden gekennzeichneten Pfad, der steil abwärts führt, und halten uns statt dessen rechts auf dem breiteren Weg, der fast hangparallel unter der nun bald wieder recht tiefen Schlucht verläuft.

Unser Weg verläuft nun erstmals auf der gleichen Talseite wie die Trasse der Zahnradbahn, die rechts über uns auszumachen ist. Das Tal weitet sich nun erheblich, und links ist der Zufluß des Freser zu erkennen. Wir passieren das Refugi Sant Pau, einen weiteren Schutzplatz unter einem Felsüberhang. Etwa 2 Min. später gabelt sich der Weg erneut. Wir halten uns rechts, der weißroten Markierung folgend. Es geht leicht bergauf, und wir queren die Bahntrasse, die hier aus einem Tunnel herausführt. Oberhalb der Bahngleise geht es dann abwärts, auf einem steilen und steinigen Wegabschnitt, der wiederum große Trittsicherheit voraussetzt. Es werden einige Steinlawinen gequert. Die dazwischen liegenden Wegstücke bieten dank allerlei Laubbäumen und Gebüsch ein wenig Schatten.

Erste Häuser und bewirtschaftete Wiesen kommen nun in Sicht. Die Pflasterung des alten Pilgerwegs ist

Bei Núria

hier noch sehr gut erhalten. Er führt uns in das dicht bewaldete Seitental des **Torrent de la Ruira** (3.45 Std.) hinab, wo wir noch einmal einen Wegweiser Richtung Queralbs antreffen. Die Route ist hier ohnehin nicht zu verfehlen. Wir queren kurz hintereinander zwei Arme des Bachlaufs, von denen der erste meist ausgetrocknet ist. Wenig später sprudelt am Wegrand eine gefaßte Quelle.

Nach ca. 4 Std. erreichen wir die ersten, aus Natursteinen gemauerten Bauernhöfe von **Queralbs.** Der Weg führt zwischen den beiden Anwesen hindurch und verliert dann noch einmal merklich an Höhe. Fünf Min. später treffen wir auf einen Fahrweg, dem wir nach rechts abwärts folgen. Der Parkplatz an der Bahnstation von Queralbs ist nun schon in Sicht. Der Fahrweg mündet nach etwa 100 m in eine Straße. Dieser folgen wir etwa 30 m aufwärts und finden dort zur Linken unseren weiß-rot markierten und mit Queralbs ausgeschilderten Wanderweg wieder. Mit Bruchsteinmauern sorgfältig abgestützte Terrassen zeugen noch von einst intensiverer Nutzung des Hanges, doch längst hat der Wald die einstigen Felder zurückerobert, die heute nur noch als Wiesen zur Heugewinnung dienen. Wir passieren zwei schmucke Ferienhäuser, die im traditionellen Baustil errichtet wurden, und stehen dann auf einem staubigen Fahrweg, dem wir nach rechts folgen. Hinter der nächsten Kurve zweigen wir links auf einen schmaleren Fahrweg, der weißrot markiert ist, ab.

Nun ist es nicht mehr weit bis zu einer Dorfstraße, auf der wir nach rechts ins Zentrum von Queralbs gelangen. Knapp 100 m hinter dieser Einmündung laufen wir breite, gepflasterte Treppenstufen links hinab zu einem Parkplatz am Rande des Ortskerns. Von dort können wir wahlweise nach rechts die engen Gassen erkunden und uns in einem Straßencafé erholen, oder aber wir gehen direkt links an der Straße entlang bis zur **Talstation** der **Zahnradbahn** (4.30 Std.).

Tour 10

Die Pedraforca im Blick

Von Gósol über den Coll de Font Terrers zur Flanke der Pedraforca

Ein äußerst einsamer Pfad führt durch lichte Kiefernwälder und blütenübersäte Wiesentäler zu einem Sattel unterhalb der Pedraforca, des imposantesten Berges der Serra de Cadí.

DIE WANDERUNG IN KÜRZE

++ Anspruch

5 Std. Gehzeit

700 m An-/Abstieg

Charakter: im unteren Teil breiter Schotterweg, später Bergpfad mit mehr oder weniger großen Steigungen

Wanderkarte: Mapa Topográfico Excursionista, Serra del Cadí – Pedraforca, 1:25 000, Editorial Alpina, Barcelona

Einkehrmöglichkeit: nur in Gósol

Anfahrt: Ausgangspunkt nicht mit öffentlichen Verkehrsmitteln erreichbar; mit dem **Auto** auf der N 1411 von Puigcerdà durch den Túnel del Cadí (mautpflichtig!) Richtung Berga, ca. 2 km südlich von Guardiola de Berguedà rechts die Straße nach Gósol (über Saldes), das nach weiteren 28 km erreicht ist (Parkmöglichkeit am Ortseingang oder auf dem zentralen Platz)

Ausgangspunkt ist der zentrale Platz von **Gósol,** in dessen Mitte sich um den Dorfbrunnen ein kreisrunder kleiner Park mit schattigen Bäumen und Bänken ausdehnt. An dem Platz können wir den Wagen parken. Dann laufen wir zu Fuß durch die Carretera de Josa weiter, eine schmale, mit Steinplatten gepflasterte Straße, die genau gegenüber der Zufahrtsstraße zum Ort beginnt und nach ca. 50 m in eine nicht asphaltierte Piste übergeht. Knapp 200 m weiter gabelt sich die Piste. Wir folgen dem breiteren Fahrweg nach rechts aufwärts. Auf diesem bleiben wir nun

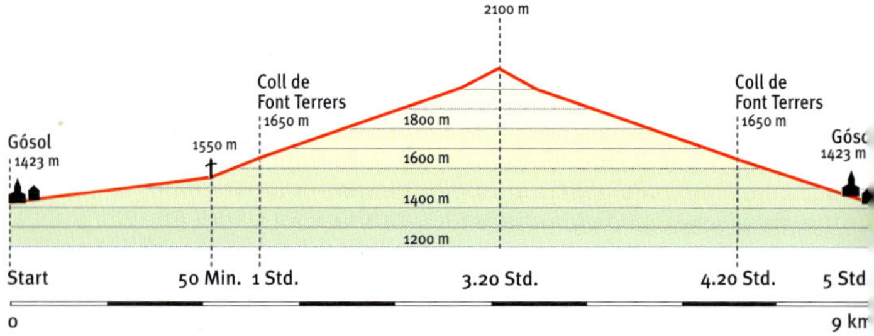

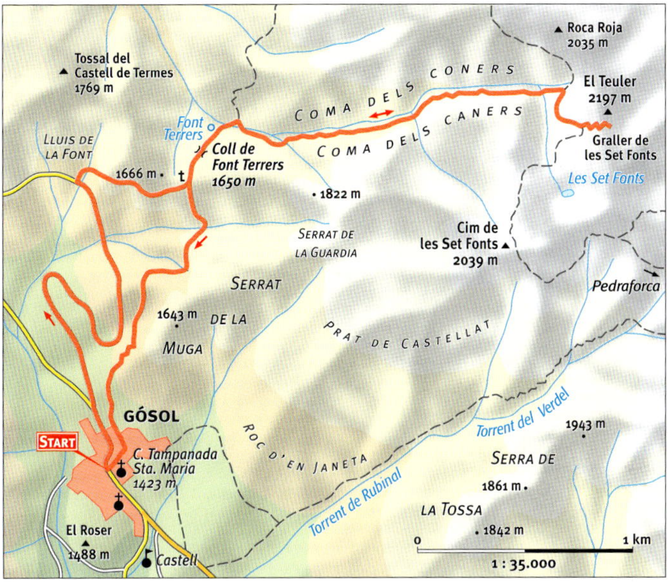

und ignorieren schmalere Abzweigungen nach rechts oder links. Die letzten Häuser von Gósol, schmucke Ferienhäuser im Stil traditioneller Bergbauernhöfe, lassen wir bald hinter uns.

Die Piste beschreibt nun zwei lang ausgezogene Serpentinen. Dann kommt eine Brücke in Sicht, die über ein schmales Tal führt (30 Min.). Weiter geht es langsam, aber stetig aufwärts. Wir treffen auf eine Abzweigung (50 Min.) und folgen der rechts im spitzen Winkel abbiegenden Piste, wo das Erholungsgelände Font Terrers ausgeschildert ist. Kurz darauf zeigt uns ein weiteres Schild an, daß wir den **Parc Natural** betreten, in dem Camping verboten ist. Voraus erblicken wir bald eine der Spitzen des Pedraforca, der aber von hier aus recht unspektakulär aussieht. Hinter einer scharfen Linkskurve erhebt sich ein Holzwegweiser. Wir gehen weiter auf dem Fahrweg bergauf und stehen kurz darauf am **Coll de Font Terrers** (1 Std.), einem kleinen Sattel, wo es Picknicktische und eine Grillstelle gibt. Die gleichnamige Quelle befindet sich in der Talmulde, die sich vor uns erstreckt.

Wir laufen am rechten Rand des Wiesentals etwa 50 m bergab bis zu einem Gatter, wo wir auf weiß-rote und weiß-gelbe Markierungen treffen. Bevor wir rechts neben dem Tor die Wanderung auf einem schmalen Pfad fortsetzen, können wir uns noch zur Linken an einer vom Weg aus kaum auszumachenden Quelle erfrischen.

Der Pfad verläuft nun ohne weitere nennenswerte Steigungen durch einen lichten, von Wacholder durchsetzten Kiefernwald. Hin und wieder zeigen weiß-rote oder weiß-gelbe Markierungen an, daß wir uns auf dem richtigen Weg befinden.

In der nächsten Talmulde trennen sich die weiß-roten und die weiß-gelben Markierungen vor einem gerölligen, meist ausgetrockneten Bachbett. Wir folgen den weiß-gelben Zeichen nach rechts, das Tal **Coma dels Caners** aufwärts. Schon bald quert der Pfad das steinige Bachbett. Auf der anderen Talseite geht es weiter bergauf. Zahlreiche Blüten säumen im Hochsommer den Weg: weiße und rosafarbene Fiedernelken, Lavendel, Heckenrosen, verschiedene Distelarten, violette Skabiosen. Die Pflanzen sind sichtlich an die hier häufig herrschende Trockenheit angepaßt. Von den höhergelegenen Felshängen wird durch Verwitterung mehr Gesteinsschutt geliefert, als der Bach abtransportieren kann, wenn er nach der winterlichen Schneeschmelze Wasser führt. Darauf deuten riesige Gesteinshalden hin, die an vielen Stellen die Hänge bis hin zur Talsohle bedecken.

Genau gegenüber der Einmündung eines Seitentales (1.40 Std.) ist der Wegverlauf vorübergehend nur dank der weiß-gelben Markierungen auszumachen. Der Pfad knickt hier leicht nach links und dann wieder nach rechts ab. Dann hält er sich weiter an der nördlichen Flanke des Haupttales. Später wechselt der Pfad auf die rechte Seite des nun sehr schmalen Bachbetts. Im oberen Teil wird der Anstieg dann deutlich steiler. Rechts voraus erhebt sich eine steile Felswand. Davor dehnt sich dichter Kiefernwald aus. Die Bäume sind jedoch in dieser Höhenlage von gedrungenem Wuchs, so daß der Blick meist über die Wipfel hinweg in die Ferne schweifen kann.

Nach 2.30 Std. stehen wir auf einem Bergsattel, wo sich eine kleine **Lichtung** ausdehnt. Hier können wir auf einer Wiese rasten, gehen dann jedoch nicht über die Lichtung weiter, sondern folgen vor dieser den weiß-gelben Markierungen nach rechts. Der schmale Pfad führt nun durch dichten Kiefernwald und teilt sich häufig in mehrere Spuren, die aber immer wieder zusammenführen. An vielen Stellen muß man sich schon einmal bücken, um den kratzigen Zweigen auszuweichen. Die steile Felswand befindet sich nun zu unserer Linken, und wir halten auf einen Sattel rechts davon zu. Etwa 10 Min. hinter der Lichtung tritt der Pfad aus dem Wald heraus. Geradeaus geht es durch eine Senke weiter, der Sattel befindet sich genau vor uns. Am rechten Rand der Senke steigen wir neben einer niedrigeren Felswand steil aufwärts. Wir gehen im Uhrzeigersinn um diese Felsgruppe herum und finden an ihrem oberen Rand wieder eine deutlichere Trittspur, an der wir uns weiter aufwärts orientieren. Das Tal, durch das wir hinaufgestiegen sind, befindet sich jetzt rechts von uns, dahinter erhebt sich die bewaldete Kuppe des **Roca Roja.**

Mehr oder weniger hangparallel laufen wir nun über eine Almwiese, die mit von Ziegen rundgefressenen Kiefernbüschen übersät ist. Wir queren eine weitere flache Talmulde (2,40 Std.) und gehen dahinter auf einer der vielen Trittspuren hangparallel weiter. 5 Min. später dehnt sich vor uns eine riesige, von Steinen durchsetzte, nach rechts geneigte Grasfläche aus, hinter der sich der **Pedraforca** erhebt. Nachdem wir diesen Blick genossen haben, kehren wir auf demselben Pfad wieder zurück zu der Mulde zwischen den beiden ungleichen Felswänden. Dazu orientieren wir uns wieder an einer der vielen hangparallelen Trittspuren und bleiben im späteren Verlauf auf jeden Fall oberhalb der markanten Felsen, die aus der Hangkante herausragen.

Sobald wir die Talsohle der Mulde wieder erreicht haben (3.10 Std.), halten wir an der gegenüberliegenden Felswand nach den weiß-gelben Markierungen unseres Wanderwegs Ausschau. Sie leiten uns nun, den höheren, die Talmulde flankierenden Felsen zur Linken, auf der anderen Seite den Hang aufwärts. Hier findet man auch eine recht deutliche Trittspur, die in etwa 5 m Abstand von den Felsen verläuft. Nach 3.20 Std. stehen wir auf einem **Wiesensattel,** in den sich eine Doline eingesenkt hat. Dahinter öffnet sich der Blick auf den Nordabhang des Pedraforca. Wir können die Doline rechts hinter uns lassen und auf der anderen Seite des Sattels ein wenig herunterklettern. Dort bieten sich verschiedene atemberaubende Ausblicke. Doch Vorsicht! Die Abhänge rundum sind sehr steil.

Anschließend treten wir den Rückweg zu der Waldlichtung auf der Collada del Teuler an, wo wir 10 Min. später eintreffen. Von dort kehren wir auf demselben Weg, den wir heraufgekommen sind, zur **Font Terrers** zurück (4.20 Std.). Für den weiteren Rückweg bietet sich nun eine Alternative an. Wir folgen zunächst dem Fahrweg vom Picknickplatz etwa 50 m abwärts bis zu dem hölzernen Hinweisschild, das wir schon auf dem Hinweg gesehen haben. Hier zweigt der nun sowohl weiß-gelb als auch weiß-rot markierte Wanderweg links ab. Der sehr steinige, stellenweise recht rutschige Weg umgeht zunächst eine Talmulde fast höhenparallel und schlängelt sich dann durch niedriges Gebüsch mit größerem Gefälle abwärts. Die steinige Passage, wo man sehr aufpassen muß, endet ca. 10 Min. später.

Unterhalb der Pedraforca

Mit geringerem Gefälle geht es durch lockeren Kiefernwald weiter. Bald kommt rechts unter uns die Piste in Sicht, auf der wir auf dem Hinweg hinaufgestiegen waren. Wir passieren diese knapp oberhalb einer engen Kurve. Der Wanderweg führt jedoch – jetzt wieder durch offeneres Gelände – geradeaus weiter, wir gehen also nicht zum Fahrweg hinunter. Die nun folgende Wegpassage ist wieder recht steinig und rutschig, Trittsicherheit ist unbedingt erforderlich! Den Ort Gósol sehen wir nun schon nahe vor uns. Bald sind die ersten Häuser erreicht. Wenig später stehen wir auf einem Fahrweg, dem wir nach links, also abwärts folgen. Hundert Meter weiter geht die Piste in eine Betonstraße über. Auf dieser laufen wir abwärts bis zum Zentrum der alten Bauernsiedlung, wo sie in die mit Steinplatten gepflasterte Cal Nen de la Xica mündet. Wir gehen rechts weiter und gelangen durch die Cal Roca zum Dorfplatz von **Gósol** zurück (5 Std.).

Tour 11

Im Land der Schluchten

Von Comus in die Gorges de la Frau

Das einsame Kalkplateau von Sault wird von sehr tiefen Schluchten (Gorges) zerschnitten. Durch die eindrucksvolle Landschaft der Gorges de la Frau führt ein alter Verbindungsweg.

DIE WANDERUNG IN KÜRZE

++ Anspruch

3.15 Std. Gehzeit

400 m Ab-/Anstieg

Charakter: zunächst breiter Schotterweg, dann steiler Pfad abwärts; auf dem Rückweg anstrengender Aufstieg

Wanderkarte: Carte de Randonnées 1:50 000, Pyrénées, carte n° 9: Montségur

Einkehrmöglichkeiten: keine

Anfahrt: mit dem **Bus** von Perpignan nach Quillan, von dort Bus (Mo–Fr mehrmals tägl.) über Belcaire nach Camurac und Comus; für Rückfahrt nach Quillan telefonische Busbestellung; ungünstige Fahrzeiten erfordern Übernachtung in Comus oder Camurac; Taxiservice für Wanderer (man kann sich zur Schlucht fahren und dort wieder abholen lassen), ✆ 04 68 20 59 43; mit dem **Auto** auf der D 613 von Quillan bzw. Ax-les-Thermes bis Camurac, von dort Richtung Norden nach Comus (Parkmöglichkeit am Ortseingang)

Unterkunft: Hotel und Campingplatz in Camurac; Gîte d'étape (14 Schlafplätze) in Comus, ✆ 04 68 20 33 69

Am Ortseingang von **Comus** treffen wir auf eine sternförmige Kreuzung. Wir stellen den Wagen ab und laufen geradeaus auf einem breiten Feldweg weiter, der mit einem weißen über einem roten Balken als Wanderweg markiert ist. Am Rand eines Wiesentals geht es sanft abwärts. Nach etwa 10 Min. gelangen wir an eine Gabelung. Wir halten uns rechts, weiter dem Talgrund folgend. Die Hänge zu beiden Seiten sind nun

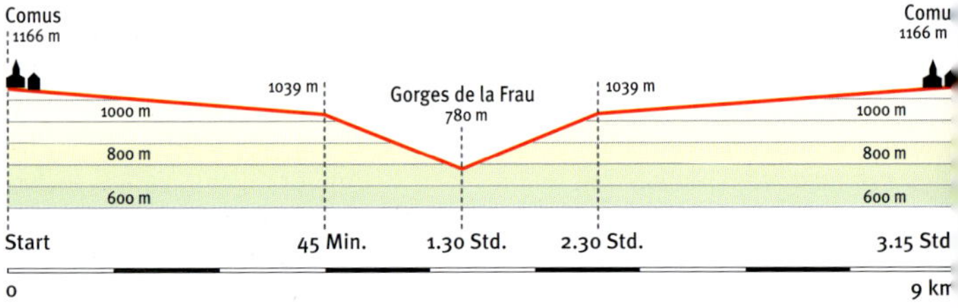

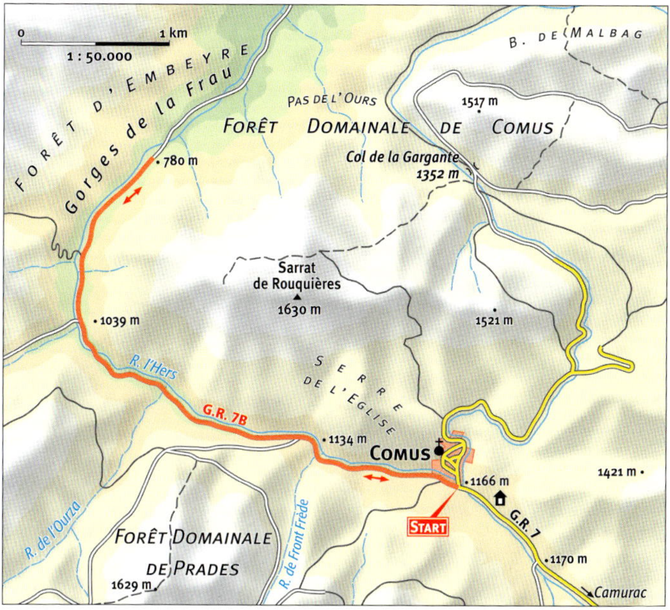

schon ein wenig näher zusammengerückt, lockeres Gebüsch hat die Wiese am Ufer des Baches abgelöst. Nach rund 45 Min. Gehzeit beschreibt die Piste eine scharfe Kurve nach links und quert den Talgrund. Hier verlassen wir den Fahrweg und gehen geradeaus weiter in die **Schlucht** hinein.

Von hier aus ist der alte Verbindungsweg noch erhalten, der einst dem Viehauftrieb zwischen den Orten Bélesta und Comus diente; im Sommer brachte man die Schafherden auf die Gebirgsweiden.

Der Grund des engen Tales ist dicht bewaldet. Auf dem breiten, zunächst sehr bequemen Weg, über dem sich die Kronen der Bäume wie ein Dach wölben, geht es bergab. So ist es hier recht schattig. Rechts und links ragen die steilen Kalksteinwände auf. Der Weg wird bald steiniger, und die Schlucht ist stellenweise nicht mehr als 10 oder 15 m breit. Hier und da müssen schräge Felsplatten überwunden werden, und steil geht es nun talabwärts. Auf der linken Seite kommt eine besonders hohe Felswand in Sicht (1.10 Std.). Durch lockeren Schotterbelag ist der Untergrund an einigen Stellen recht rutschig. Dann stehen wir direkt unterhalb der Felswand und queren das Bachbett auf einer Steinbrücke. Auf der linken Talseite geht es weiter bergab. Auch zur Rechten erheben sich jetzt steile Felswände.

Doch dann weitet sich das Tal. Unser Pfad wird wieder breiter und mündet schon bald darauf in einen **Fahrweg** (1.30 Std.), der, von Norden kommend, ebenfalls Zugang zu der Schlucht gewährt. Hier können wir umkehren und den anstrengenden, steilen Rückweg beginnen.

Der Ortsrand von **Comus** ist nach 3.15 Std. wieder erreicht.

Tour 12

Fluchtburg der letzten Katharer

Von Montferrier zum Château de Montségur

Hinauf zur Ruine der berühmten Katharerburg Montségur, die auf einer zuckerhutförmigen Bergkuppe, fast unerreichbar, allen Angriffen trotzen sollte. Schön ist der Blick von der Ruine hinab ins Vorland der Pyrenäen.

DIE WANDERUNG IN KÜRZE

++ Anspruch

4 Std. Gehzeit

500 m An-/Abstieg

Charakter: steiler, beschwerlicher Pfad; Orientierung nicht immer einfach

Wanderkarte: Carte de Randonnées 1:50 000, Pyrénées, carte n° 9: Montségur

Einkehrmöglichkeiten: nur in Montferrier

Anfahrt: Ausgangspunkt mit öffentlichen Verkehrsmitteln nicht zu erreichen; mi dem **Auto** auf der D 117 von Quillan oder aus Richtung Foix bis Lavelanet, dort den Schildern nach Montségur bis Montferrier folgen (in Montferrier am Ortsausgang Richtung Montségur vor dem Campingplatz parken)

Öffnungszeiten: Museum im Château de Montségur mit Funden aus der Katharerzeit (Gerätschaften, Münzen, Schmuck): ganzjährig von 9–12 und 14–19 Uhr; Eintrittskarte für die Burg gilt auch für das Museum

Ausgangspunkt ist der Campingplatz von **Montferrier.** Von dort gehen wir die Straße Richtung Montségur bergauf. Nach etwa 5 Min. zweigt rechts eine schmalere Straße über eine Brücke hinweg ab. Wir halten uns weiter auf der Hauptstraße und finden etwa 10 m weiter zur Linken unseren Wanderweg. An einer schmalen Betonbrücke, die den Straßengraben überwindet, ist ein Kreuz mit einem roten und einem ockerfarbenen Balken angebracht. Man kann es leicht übersehen.

Wir steigen nun, einen Wiesenzaun zur Linken, auf einem schma-

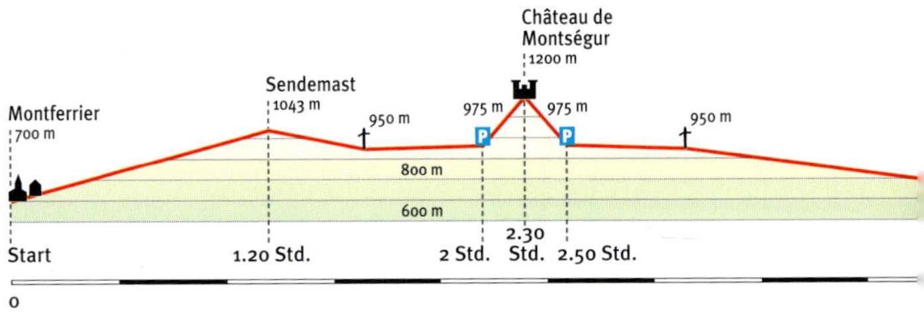

len Trampelpfad geradewegs den steilen Hang hinauf. Etwa 10 Min. lang geht es durch schattigen Wald, dann ist eine **Lichtung** erreicht (45 Min.). Dort finden wir an einer stattlichen Kiefer das Markierungskreuz wieder. Wir passieren ein kleines Weidegatter und halten uns über die Lichtung weiter geradewegs aufwärts. Falls wir in dem dicht mit Grasbüscheln bewachsenen Gelände den Pfad verlieren, dient eine weitere ausladende Kiefer als Orientierung. Unmittelbar rechts neben dieser finden wir spätestens den Trampelpfad wieder. Weiter geht es über die dicht mit Wacholder bestandene Weidefläche aufwärts. Rückblickend kommt nun der Ort Montferrier in Sicht.

Im oberen Teil des Steilhangs halten wir auf der linken Seite der Lichtung auf eine große Birke mit drei Stämmen zu. In ihrem Schatten können wir ein wenig verweilen. Nun ist das steilste Stück des Anstiegs überwunden. Nächstes Ziel ist eine mit Bäumen bestandene Kuppe, die den Beginn eines langgestreckten Bergrückens markiert. Von hier aus ist erstmals die Burg Montségur zu sehen. Dem Bergrücken folgend, halten wir nun auf sie zu. Wir laufen zunächst zu einer zweiten, dichter bewaldeten Kuppe. Eine natürliche Steinmauer verläuft hier in Längsrichtung auf dem Bergrücken. Wir halten uns links davon am Waldrand entlang und treffen auf einen Weidezaun, den wir durch ein Gatter passieren. Durch niedrigen Wald und eine Farnwiese erreichen wir eine weitere Lichtung.

Nächstes Etappenziel ist eine weitere, durch herausgewitterte Felsen gebildete **Kuppe,** die von undurch-

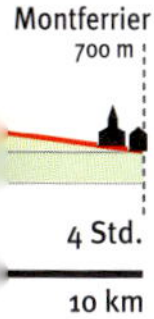

dringlichem Gebüsch bestanden ist (1 Std.). Unser Trampelpfad umgeht dieses links und wechselt dann bald auf die rechte Seite des Kamms hinüber. Hier gilt es aufzupassen, nicht zu weit nach rechts abwärts zu laufen. Von den zahlreichen Trittspuren, die wir hier vorfinden, folgen wir stets der oberen und orientieren uns am Bergrücken, später dann an einem **Sendemast** auf einer weiteren Kuppe, unserem nächsten Ziel (1.20 Std.).

Auf der rechten Seite der umzäunten Anlage beginnt ein breiterer Weg, dem wir nun folgen. Wir erreichen einen Maschendrahtzaun, den wir leicht überwinden können. Dahinter beginnt ein schmaler Fahrweg, auf dem wir zu einer Straße gelangen (1.40 Std.). Gegenüber der Einmündung weist ein Holzschild auf den Sentier Cathare (Katharerweg) hin, auf dem wir später nach Montferrier zurückkehren werden. Zunächst geht es jedoch, dem Wegweiser nach Montségur folgend, auf der Straße bergauf, also nach links.

Knapp 100 m hinter der nächsten Kurve finden wir zur Linken die Fortsetzung unseres Wanderwegs. Er zweigt im spitzen Winkel ab und ist nun mit einem gelben über einem roten Streifen markiert. Durch dichten schattigen Wald geht es aufwärts. Nach etwa 10minütigem Anstieg laufen wir mehr oder weniger höhenparallel weiter. Bald tritt dann der Weg aus dem Wald heraus, eine kleine Ebene am Fuß des Montségur ist erreicht (2 Std.). Rechts von uns befindet sich ein großer **Parkplatz.** Wir aber halten uns links, steil bergauf, direkt auf die Burg zu. Nach einem kurzen Anstieg erreichen wir eine Stele, die an die Vernichtung der Katharer erinnert. Dort geht es links vorbei und weiter aufwärts. Dann kommen wir an ein Kassenhäuschen. Dort erhält man eine Informationsschrift und die Eintrittskarte.

Rechts geht es weiter bergauf. Weiße Markierungen weisen uns immer wieder den Weg. Der recht felsige Pfad ist steil und unbequem. Wir klettern über Gesteinsbrocken, die von vielen Schritten blankpoliert sind. Dann stehen wir schon vor dem **Château de Montségur** (2.30 Std.).

Durch den Haupteingang gelangen wir in den früheren Innenhof, um den sich die Wohnungen in drei Stockwerken gruppierten. In der ersten Etage befanden sich weitere Räume, nur durch eine einzige Tür zugänglich, zu der eine separate Treppe hinaufführte. Wählen wir den Nordeingang, erreichen wir einen Pfad auf der anderen Seite der Burg. Rechts kann man nicht um das Gemäuer herum, da die Ostseite des Berges besonders steil ist. Links gelangt man zu den Trümmern des mittelalterlichen Dorfes, das sich außerhalb der Burgmauern befand. Nur etwa 5 % der Mauerreste sind bisher ausgegraben worden. An der schmalen Nordwestseite können wir von außen über eine Leiter in die ehemalige Zisterne der Burg steigen. Dahinter befindet sich der große Donjon mit zahlreichen Schießscharten. In der hinteren, rechten Ecke sind noch Reste einer Wendeltreppe auszumachen. Im oberen Stockwerk befanden sich früher die Wohngemächer des Burgherrn.

Heute ist die Burg nur noch eine Ruine, und man braucht einige Phantasie, um sich anhand des Lageplans vorzustellen, wie sie im Mittelalter ausgesehen haben mag. Doch wirkt der dunkle Stein, aus dem Teile des Gemäuers sowie Fenster- und Türrahmen gefertigt wurden, so frisch, als wäre die Burg ge-

Blick auf das Château de Montségur

rade neu erbaut. Dieser Eindruck ist der Tatsache zu verdanken, daß die Ruine jüngst teilrestauriert wurde. Wir treten hinaus und genießen von der Nordwestseite noch einmal den Blick hinab in die weite Ebene des Pyrenäenvorlandes, in der sich stufenförmig die Bergkämme, nach Norden immer niedriger werdend, verlieren.

Dann beginnen wir den steilen Abstieg zum **Parkplatz** (2.50 Std,). Anschließend kehren wir zu dem hölzernen Wegweiser zurück, der uns von der Straße weg nach links Richtung Montferrier weist. Wir passieren eine Pforte, queren auf einem breiten Waldweg eine Talmulde und laufen nun am linken Talrand bergab durch hohen schattigen Laubwald. Etwa 5 Min. später zweigt rechts im spitzen Winkel ein breiter, gelb und rot markierter Weg ab, dem wir folgen. Nach weiteren 5 Min. stehen wir im Bachbett. Hier zweigen links und rechts Pfade ab, die wir nicht beachten. Wir queren das Bachbett und halten uns, diesem auf seiner rechten Seite folgend, auf dem nun ebenfalls recht schmal gewordenen, gelb-rot markierten Wanderweg weiter bergab.

Der folgende, regelrecht wildromantische Wegabschnitt mündet in einem breiteren Weg, auf dem wir rechts gehen. Nach weiteren 10 Min. queren wir eine schmale Straße und finden auf der gegenüberliegenden Seite unseren Wanderweg wieder, der zunächst weiter am Bachbett entlang verläuft, dieses aber bald quert und sich nach links ein wenig von ihm entfernt. Wir treffen auf einen **Bauernhof** und gehen geradeaus weiter, jetzt wieder am Bachbett entlang. Dann gelangen wir an eine schmale Straße und folgen dieser geradeaus. Etwa 150 m weiter, an einer Kreuzung, gehen wir wiederum geradeaus. Nach weiteren 50 m geht die Straße in einen breiten Schotterweg über, der gelb und rot markiert ist. Kurz darauf ist noch eine Kreuzung erreicht, wo wir geradeaus auf einem nun wieder asphaltierten Fahrweg weitergehen. Nach 4 Std. befinden wir uns am Campingplatz von **Montferrier,** dem Ausgangspunkt unserer Wanderung.

Montségur

In Montségur wurde 1244 die letzte Schlacht im Kreuzzug katholischer Truppen gegen die Katharer (Albigenser) geschlagen. Die Sekte, deren Ursprünge im Dunkel verschiedener Einflüsse aus dem Orient liegen, hatte sich im 12. Jh. im Languedoc etabliert, wo sie auch ihre stärkste Anhängerschaft fand. Grundlegendes Prinzip des Katharismus ist der strenge Gegensatz von Gut und Böse. Die Katharer (griech.: die Reinen) wollten den Menschen von materialistischen Einflüssen befreien und der göttlichen Askese zuführen. In Widerspruch zur katholischen Kirche begaben sie sich unter anderem durch die Leugnung der Göttlichkeit Christi und durch die Ablehnung der Sakramente. Papst Innozenz III. entfachte 1209 einen Kreuzzug gegen die Katharer. Die Anhänger der Bewegung verschanzten sich in den schwer zu erobernden Burgen der Gebirgsregionen. Auf Montségur fanden etwa 400 Gläubige Zuflucht. 1243 wurde auf dem Konzil von Béziers die Vernichtung Montségurs beschlossen. Kurz darauf begann die Belagerung durch 6000 Mann, die sich aufgrund des schwierigen Geländes über mehrere Monate hinzog. Erst im März 1244 entschloß sich der Befehlshaber der Katharer zur Kapitulation. Die Sektenanhänger wurden vor die Entscheidung gestellt, ob sie ihrer Lehre abschwören oder lebendig verbrannt werden wollten. Freiwillig sollen 205 Katharer auf einen großen Scheiterhaufen gestiegen sein, den man am Fuß des Berges aufgeschichtet hatte.

In späterer Zeit entstanden viele Legenden um Montségur. Immer wieder versuchten Abenteurer, den Kirchenschatz der Katharer unter den Ruinen der Zitadelle zu finden, bis heute ohne Erfolg. Niemand weiß, woraus der Schatz bestanden hat und ob er sich tatsächlich in der Burg befand. Schon um 1300 wurde eine neue Burg errichtet, deren Ruine heute zu besichtigen ist. Von der einstigen Katharerburg blieb nichts erhalten. Lediglich die äußeren Verteidigungswälle und die Ruinen des Katharerdorfes sind noch vorhanden.

Die Seenplatte im Talzirkus

Von Grau Roig zum Circ dels Pessons

Einer der faszinierendsten Wege für botanisch oder geologisch interessierte Wanderer in Andorra führt zum Talzirkus Els Pessons, dessen rund 42 Seen von eiszeitlichen Gletschern geformt wurden.

DIE WANDERUNG IN KÜRZE

+ Anspruch

4 Std. Gehzeit

350 m An-/Abstieg

Charakter: nach kurzem, anstrengendem Aufstieg gilt es – teils gemächlich, teils über Felsstufen kletternd – die Seenplatte zu erwandern

Wanderkarte: Andorra, Mapa topogràfic 1:50 000

Einkehrmöglichkeiten: Bar-Restaurant am unteren Estany dels Pessons, Schnellrestaurant und Hotel-Restaurant in Grau Roig

Anfahrt: mit dem **Bus** von Andorra la Vella nach Soldeu (etwa stdl.), weiter mit dem Taxi nach Grau Roig; mit dem **Auto** auf der C.G. N° 2 von Andorra la Vella Richtung Pas de la Casa, hinter Bordes d'Envalira rechts abzweigen nach Grau Roig (großer Parkplatz)

Unsere Wanderung beginnt auf dem Parkplatz des Skizentrums **Grau Roig.** Dort zweigt rechts eine Schotterpiste ab, die zur Talstation des neuen Sessellifts auf der rechten Seite führt. Bis hierher kann man noch mit dem Auto fahren. Hinter dem Sessellift steigen wir auf einem breiten Weg bergauf, der nur für geländegängige Fahrzeuge geeignet ist. Kurz darauf dürfen wir nicht links abbiegen, sondern folgen dem Fahrweg rechts steil aufwärts. Zweimal quert der Weg die Sesselliftttrasse und erweitert sich dann zu einer Skipiste. An einer scharfen Rechtskurve versperren grobe Felsblöcke auch für Geländewagen die Weiterfahrt. Links, genau in der Kurve, zweigt ein Waldweg ab. Ein Schild weist zu den Restaurants ›Daniel‹ und ›Els Pessons‹. Wir übersteigen die Eisenkette, die auch auf diesem Weg die Durchfahrt verbietet, und gehen durch Hakenkiefernwald sanft bergauf. Bald taucht voraus der **erste Estany dels Pessons** auf (40 Min.).

Rechts liegt das Bar-Restaurant ›Daniel‹, wir aber gehen links am See entlang auf einem schmalen Trampelpfad weiter. Bald passiert der Pfad das ehemalige Bar-Restaurant ›Els Pessons‹. Danach treffen wir auf eine Weggabelung (1 Std.), wo der Fernwanderweg G.R. 7 aus dem Tal heraufführt. Auf ihm gehen wir nach rechts weiter, der Beschilderung ›Escaldes‹ und ›Refugi de l'Illa‹ folgend. Deutlich ist nun zu erkennen, daß der See als Angelteich künstlich aufgestaut ist. Wir überqueren auf Felsblöcken den Abfluß des Gewässers und setzen den Weg auf dem schmalen Pfad um den See

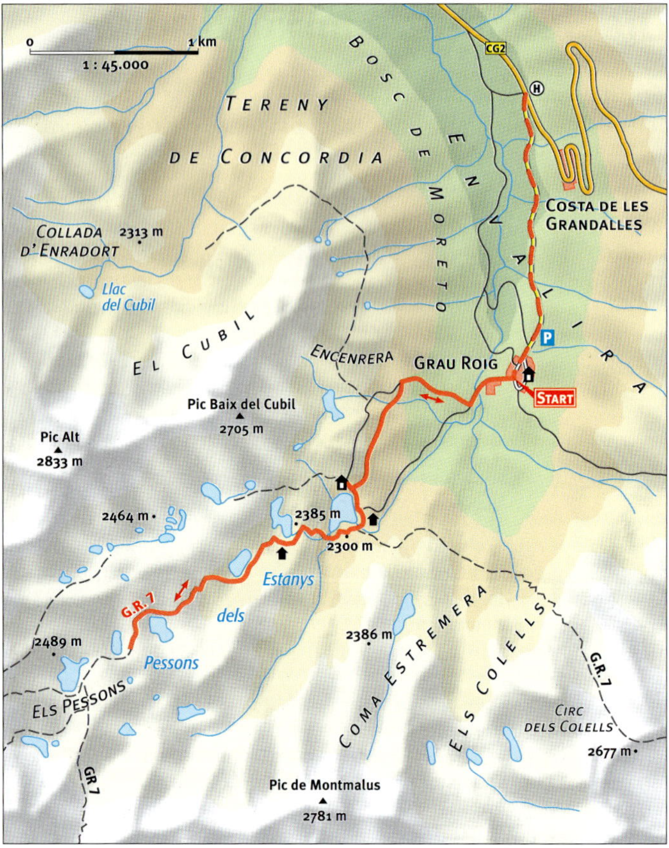

herum fort, dessen oberer Teil dort, wo der Schuttfächer des Zuflusses langsam in ihn hineinwächst, schon stark verlandet. Dann überqueren wir auch den Zufluß des Sees: Der in viele Arme gespaltene Bach ist zwischen den groben Felsblöcken nur schwer auszumachen.

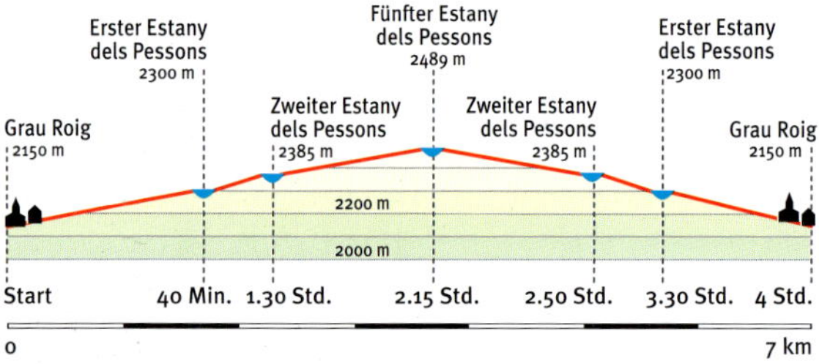

Vor einem großen Felsblock geleitet uns die rot-weiße Markierung des G.R. 7 nach rechts steil hinauf. Bald aber sind wir wieder in flacherem Gelände und stehen vor dem kleineren und stärker verlandeten, **zweiten Estany dels Pessons** (1.30 Std.). Durch wilde Felslandschaft mit immer spärlicherem Kiefernbewuchs halten wir uns links am See entlang, an zwei steinernen Hirtenunterständen vorbei.

Oberhalb des Sees ist abermals ein Bach zu überqueren, bevor wir an den noch kleineren, **dritten Estany dels Pessons** kommen (1.45 Std.). Wir klettern rechts an ihm vorbei über eine kleine Schutthalde und steigen an seinem oberen Ende geradeaus über eine niedrige Felsbarriere. Kurz darauf gelangen wir an den etwas größeren **vierten Estany dels Pessons**, wo häufig Angler anzutreffen sind. Auch an diesem See gehen wir rechts vorbei. Ringsum ragen, nun schon recht nah, die steilen Felswände auf, die den Talkessel halbkreisförmig umgeben. In den Nischen der Nordhänge leuchten Firnschneeflecken.

Der Bach fließt jetzt etwa 30 m unterhalb des Weges durch sumpfiges Gelände. In den kleinen, kreisförmigen, dicht mit Binsen und Seggen bestandenen Vertiefungen sind ehemalige, heute verlandete Tümpel zu erahnen. Nach Überwindung eines weiteren Felshanges stehen wir schließlich vor dem **fünften Estany dels Pessons** (2.15 Std.), dem Ziel der Wanderung, inmitten des Talkessels Els Pessons. Wer möchte, kann noch zum sechsten See wandern (15 Min.), doch wird der Weg jetzt schmal und anstrengend.

Zurück geht es auf gleichem Wege. Unseren Ausgangspunkt in **Grau Roig** erreichen wir nach ca. 4 Std.

Die Rostrote Alpenrose

Die leuchtende Rostrote Alpenrose, ein Heidekrautgewächs, wird auch Almrausch genannt. In den Alpen steht diese nur noch selten anzutreffende Pflanze unter Naturschutz. Dagegen bildet sie in den Pyrenäen auf kalkfreien Böden große Bestände. Vor allem in der Blütezeit (Juni, Juli) verleiht sie vielen Gebirgsgegenden einen besonderen Reiz. Die Rostrote Alpenrose liebt schattige, ein wenig feuchte Standorte. Sie benötigt im Winter eine dichte Schneedecke zum Schutz gegen die Kälte. Die Höhe der Büsche überschreitet deswegen selten 1 m. Ihren Namen verdankt die Pflanze der rostroten Farbe an der Blattunterseite. An den Sproßenden häufen sich die Blätter, wohingegen die Zweige nach unten hin oft mehr oder weniger kahl sind.

Die frischen Blätter der Rostroten Alpenrose enthalten toxische Stoffe. Hin und wieder führten diese zu Vergiftungen bei Schafen oder Ziegen, weshalb die Pflanze von den Almbauern nicht gerne gesehen wird. Seit die Weidewirtschaft in den Pyrenäen rückläufig ist, breitet sich die Alpenrose wieder stärker aus. Die getrockneten Blätter wirken in kleinen Mengen harntreibend und wurden früher als Mittel gegen Rheuma verwendet.

Tour 14

Auf Spuren Karls des Großen

Vom Vall d'Incles zu den Estanys de Juclar

Für Botanikfreunde ein Erlebnis ist die Wanderung zu den beiden Karseen von Juclar. Zahlreiche selten gewordene Pflanzenarten kann man in dem abgeschiedenen Gebiet entdecken.

DIE WANDERUNG IN KÜRZE

++ Anspruch

5 Std. Gehzeit

400 m An-/Abstieg

Charakter: zunächst gemächlicher, dann immer steilerer Anstieg; Trittsicherheit erforderlich

Wanderkarte: Andorra, Mapa topogràfic 1:50 000

Einkehrmöglichkeiten: Snack-Bar am Campingplatz im Vall d'Incles (nur in der Hauptsaison)

Anfahrt: mit dem **Bus** von Andorra la Vella Richtung Soldeu (verkehrt etwa stdl.) bis zur Haltestelle im Vall d'Incles, dann zu Fuß etwa 3 km auf einem Fahrweg bis zum Campingplatz; mit dem **Auto** von Andorra la Vella auf der C.G. N° 2 Richtung Soldeu, im Vall d'Incles links abzweigen und auf einer passablen Schotterpiste bis zum Campingplatz

Ausgangspunkt der Wanderung ist der Campingplatz im **Vall d'Incles.** Ein breiter Schotterweg führt über den Bach und dann rechts quer durch das Campinggelände. Wir dürfen uns nicht nach links Richtung Haus halten! An der rechten Seite des Bergbaches geht es talaufwärts. Zwischen riesigen Granitblöcken bahnt sich der Bach seinen Weg. Vom linken, steileren Hang reichen Schuttfächer ins Tal hinab. Der rechte Hang neigt sich sanfter und ist bewaldet.

An einer Weggabelung deutet ein Schild nach links zu den Estanys de Juclar. Wenig später überqueren wir den Bach auf einer kleinen, steinernen Brücke. Dahinter befindet sich am Riu de Juclar ein **Picknickplatz** mit gefaßter Quelle, Grillstelle sowie Steintischen und -bänken (30 Min.). Wir folgen nun den rot-weißen Markierungen auf einem Grasweg das

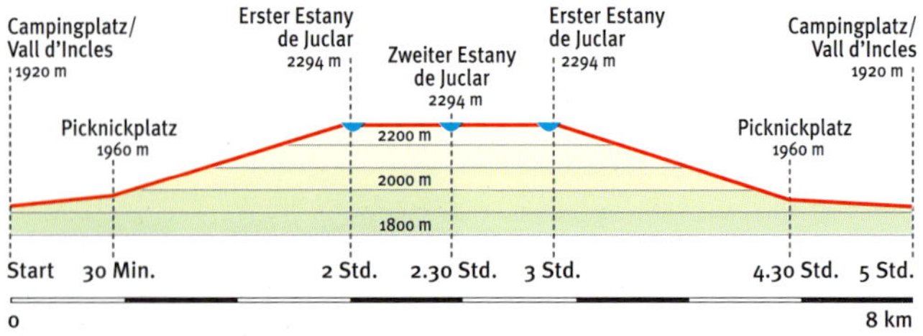

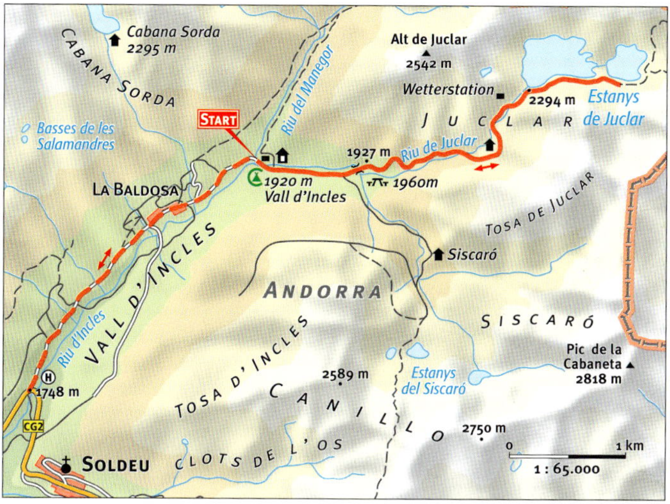

Tal weiter hinauf. Der Pfad wird schmaler und steigt steil zwischen verstreut umherliegenden Felsblökken an.

Die erste Geröllhalde gilt es zu überwinden. Rote Punkte weisen den Weg zwischen den Gesteinsbrocken. Dann wird der Weg ebener. Zur Rechten taucht wieder der Bach auf, und zu beiden Seiten des Tals ragen steile Felswände empor. Von rechts stürzt ein **Wasserfall** das Tal hinunter (1 Std.). Bald darauf überschreiten wir oberhalb des Wasserfalls den Bach. Dann kommt links ein weiterer Wasserfall den Hang hinunter. Hier gabelt sich der Pfad, und wir folgen der rot-weißen Markierung nach rechts, obwohl der Weg scheinbar geradeaus weiterführt.

Erste Firnschneeflecken sind zur Rechten in den Nischen des Nordhangs zu sehen. Wir passieren einen verfallenen **Hirtenunterstand.** Links des Weges erheben sich steile Felsblöcke, rechts liegt ein sumpfiges Wiesental, in dem man einen Schneemeßpfahl errichtet hat. Der Weg verläuft über die Wiese und zwischen Felsen hindurch, stets begleitet von der rot-weißen Markierung und den roten Punkten. Nochmals wird der Bach überquert, und dann gehen wir abermals durch einen feuchten Wiesengrund.

Links am Hang stehen die Ruinen einer Wetterstation und ein Wassermeßbehälter. Im Felsen sehen wir einen mit einem Gitter verschlossenen Abflußstollen. Sobald sich die Augen an die Dunkelheit gewöhnt haben, erkennt man ganz hinten im Stollen eine Turbine. Diese wird mit dem Wasser des darüberliegenden Sees betrieben, sofern dieser genügend Wasser enthält.

Wir überschreiten den Bach, der hier meist nur wenig Wasser führt, und steigen dann in felsigem Gelände aufwärts. Schließlich sind wir am ersten **Estany de Juclar** (2 Std.) angelangt. Der See wird durch einen Damm aufgestaut. Rechts am Wasser verläuft ein schmaler Pfad, der bald recht steinig wird und unterhalb der Winterwasserlinie des Sees

Bergsee im Juclar-Talschluß

entlangführt, die durch das Fehlen jeglicher Vegetation deutlich zu erkennen ist. Voraus öffnet sich der Blick auf die steile Talkesselumrahmung.

Am oberen Ende erhält der Stausee Zufluß durch einen schmalen Bach, der sich tief in eine Torfschicht eingeschnitten hat. Wir überqueren den Bach und gehen an seinem Ufer weiter talaufwärts. Dabei folgen wir wiederum der rot-weißen Markierung. Bald treffen wir auf eine kleine Wiese, wo Enzian wächst, und auf einen Tümpel, an dem wir links vorbeigehen.

Schließlich erreichen wir die Wiese am Ufer des **zweiten Estany de Juclar** (2.30 Std.). Dieser schön gelegene See ist kleiner als der erste und nicht aufgestaut. Steile Felswände rings um den See bilden einen engen Talschluß. Die Wiese, ein idealer Picknickplatz, lädt zum Verweilen ein.

Wir kehren auf dem gleichen Weg zum Campingplatz im **Vall d'Incles** zurück (5 Std.).

Karl der Große – Gründer Andorras?

Das Vall d'Incles nimmt in der Legende über die Ursprünge des andorranischen Staates einen wichtigen Platz ein. Durch dieses Tal soll Karl der Große, von Frankreich kommend, das Land betreten haben.

Der Incles-Paß war früher tatsächlich ein häufig benutzter Übergang nach Frankreich. Jedoch ist die Anwesenheit Karls des Großen in Andorra historisch nicht belegt und auch eher unwahrscheinlich.

Der Sage nach soll Karl der Große Andorra gegründet haben, angeblich aus Dankbarkeit dafür, daß ihm die Bewohner im Kampf gegen die Mauren als Bergführer dienten. Noch heute beginnt die Nationalhymne Andorras mit den Worten: »Karl der Große, mein Vater, befreite mich von den Arabern.« Eine Urkunde, in der Karl der Große seine Rechte auf seinen Sohn Ludwig (den Frommen) übertragen haben soll, erwies sich als Fälschung.

Tatsächlich wird Andorra erstmals in der Einweihungsurkunde der Kathedrale von La Seu d'Urgell aus dem Jahr 839 erwähnt. Damals gehörte das Gebiet zum Lehen der Grafen von Urgell. Der historische Kern der Legende um Karl den Großen dürfte in der Angliederung Kataloniens an Frankreich im Jahr 801 durch seinen Sohn Ludwig zu suchen sein.

Eisenerz und Almweide

Von Llorts zu den Estanys de L'Angonella

Vom Tabakanbaugebiet im Tal der Valira del Nord, vorbei an imposanten Wasserfällen, bis zur Almweide in der Region der Karseen von L'Angonella durchquert der alte Viehauftriebsweg verschiedene Höhenstufen der Vegetation.

DIE WANDERUNG IN KÜRZE

+++ Anspruch

6.30 Std. Gehzeit

900 m An-/Abstieg

Charakter: steiler An- und Abstieg auf mehr oder weniger befestigten Wegen bzw. Pfaden; Trittsicherheit und gute Kondition nötig

Wanderkarte: : Andorra, Mapa topogràfic, 1:50 000

Einkehrmöglichkeiten: keine

Anfahrt: mit dem **Bus** von Andorra la Vella Richtung El Serrat (3 x tägl.) bis Llorts, zurück kann man auf der Straße von Llorts nach Ordino gehen (5 km) und von dort den Bus (halbstdl.) nach Andorra la Vella nehmen; mit dem **Auto** auf der C.G. N° 3 von Andorra la Vella über Ordino nach Llorts (Parkmöglichkeit am Ortsrand)

Ausgangspunkt ist der alte Ortskern von **Llorts.** Links vor der Kirche steht ein kleiner Brunnen, neben dem ein Schild eine schmale Straße bergauf zu den Estanys de L'Angonella weist. Wenige Meter weiter, an einem Bauernhof mit Pferdeställen, dürfen wir nicht rechts abbiegen, sondern ge-

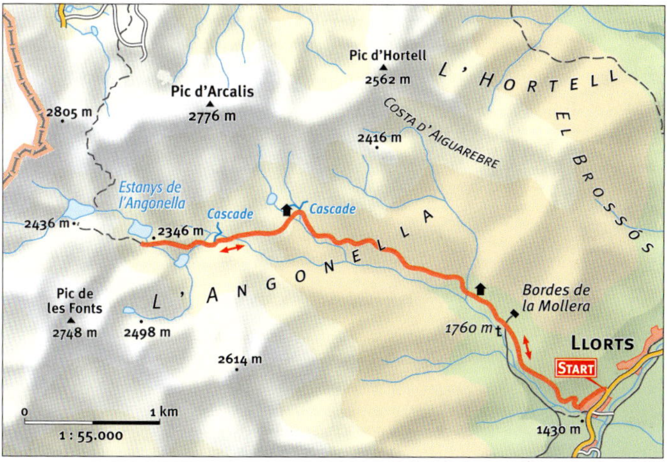

hen links am Haus vorbei weiter bergauf. Der Weg wird schmaler, bleibt aber stets mehr oder weniger befestigt, da er dem sommerlichen Auftrieb der Viehherden auf die Alm dient. Zur Linken sprudelt der Bach, wir passieren das letzte Tabakfeld des Ortes und blicken auf die schindelgedeckten Bauernhäuser zurück. Der steinige Pfad steigt jetzt zwischen terrassenartig angelegten Wiesen steil an. Bald schon befinden wir uns hoch über dem Bachbett und erreichen einen Kiefernwald, in dem es weiter steil aufwärts geht. Zwei schmale Pfade, die kurz hintereinander nach links führen (30 Min.), lassen wir unbeachtet. Zwischen den beiden Abzweigungen gabelt sich unser Weg, aber schon nach wenigen Metern führen die beiden Teilstücke wieder zusammen.

An einer weiteren Gabelung (45 Min.) halten wir uns links. Der rechte Pfad führt zum Bergbauernhof **Bordes de la Mollera.** Unser Weg quert eine kleine Wiese und wird dann recht sumpfig. Wir verlassen den Wald und stehen unvermittelt auf einer blühenden Bergwiese. Birken, die den Bachlauf säumen, runden das Bild ab. Terrassenförmig ist die Alm am Hang angelegt und durch Mauern aus grobem Schiefergestein abgestützt. Ihre volle Pracht entfaltet die Wiese gegen Mittag, wenn alle Blüten geöffnet sind und Schmetterlinge und Heuschrecken in großer Zahl und Artenvielfalt die Alm bevölkern.

Rechts am Wegrand steht ein **Hirtenunterstand** (1 Std.), kurz darauf können wir auf den Bergbauernhof zurückblicken. Dahinter erhebt sich in der Ferne der majestätische Pic de Casamanya (2740 m). Wir queren einen Bachlauf. Stark eisenhaltiges Wasser hat die groben Bachkiesel rötlich gefärbt. Dann ist wiederum ein steiler Anstieg durch Kiefernwald zu bewältigen. Nach 1.30 Std. beschreibt unser Weg zunächst eine Rechts- und gleich darauf eine Linkskurve – nicht geradeaus gehen! Kleine Steintürmchen am Wegrand erleichtern die Orientierung.

Bald darauf erblicken wir erstmals den imposanten **Wasserfall,** der von den Estanys de L'Angonella ins Tal hinunterstürzt. Dann versperrt ein riesiger Felsvorsprung die Sicht. Die subalpine Region der Zwergstrauchheiden ist erreicht. Wir treten aus dem Wald heraus und stehen nach wenigen Metern auf der Felsnase, die unseren Weg zur Linken begleitet hatte. Nun ist auch der große Wasserfall voraus wieder zu sehen. Auf feuchtem Wiesengrund geht es sanft bergan auf einem kaum auszumachenden Trampelpfad, der durch die kleinen Steinpyramiden der Hir-

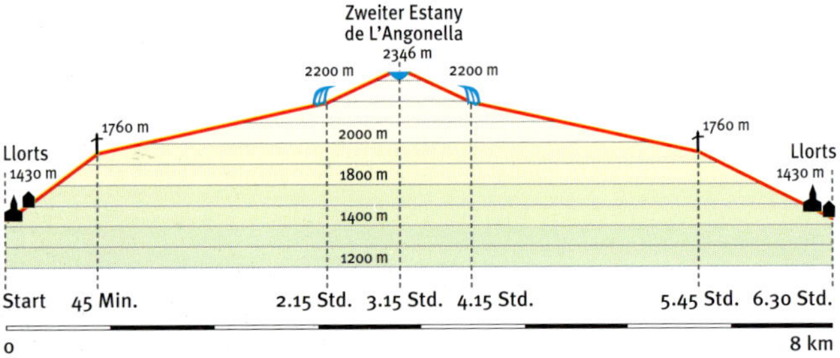

ten markiert ist. Der kleine Bach fließt stets links von uns, während der Pfad sich in Serpentinen in die Höhe windet. Genau unterhalb eines Wasserfalls queren wir den Bach. Hangparallel geht es weiter, und abermals ist ein Bachlauf zu überschreiten. Schließlich öffnet sich vor uns der riesige Talkessel der Estanys de L'Angonella. Noch sind die Seen nicht zu erblicken. Pferde grasen auf der Almweide, zur Rechten steht ein Hirtenunterstand.

Der kleine Bach fließt hier durch morastiges Gelände. Wir überqueren ihn und gehen links am Sumpf vorbei. Bald sehen wir links unter uns einen schnell fließenden Wasserlauf. Wir aber bleiben oben auf der Wiese und halten direkt auf einen Wasserfall zu, an dem zwei Bäche zusammenfließen. Den rechten Bach müssen wir überschreiten, dann geht es neben dem Wasserfall durch unwegsames Gelände hinauf. Rötliche Eisenerzgänge stehen aus dem Gestein heraus. Oben ist eine kleine Schuttlawine zu überwinden. Nach Erreichen des Sattels führt ein Pfad durch flacheres Gelände am Bach entlang weiter zum kleinsten, dem **ersten Estany de L'Angonella** (3 Std.). Gesteinsschutthalden reichen von den Felswänden aus weit in den kristallklaren See hinein, der von einem Wasserfall gespeist wird.

Rechts steigen wir weiter bergauf. Zunächst ist kein Weg zu erkennen, doch bald finden wir wieder einen Pfad und gelangen wenig später zum größeren, **zweiten Estany de L'Angonella,** dem Endpunkt unserer Wanderung (3.15 Std.). Man kann in ca. 20–30 Min. einen weiteren See erreichen, allerdings erweist sich der Weg als sehr steil und anstrengend.

Wir kehren auf dem gleichen Wege nach **Llorts** zurück (6.30 Std.).

Eisenerzminen

Das Gebiet von Llorts war früher für seine Eisenerzminen bekannt. Das rötliche Erz, der Roteisenstein, tritt im unteren Teil des Karbodens von L'Angonella deutlich erkennbar zutage. Auch einige Bäche im Gebiet von Llorts führen stark eisenhaltiges Wasser, das eine intensive Rotfärbung der Bachkiesel hervorruft.

Im Verlauf der Gebirgsbildung hatten sich in den älteren, starren und kristallinen Gebirgskernen zahlreiche Spalten gebildet, in denen heißes, stark mineralhaltiges Wasser aus tieferen Erdschichten bis nahe an die Oberfläche drang. Im Gebiet von Llorts waren es eisenhaltige Lösungen, die in den hydrothermalen Gängen nach oben geführt wurden und dort verdunsteten, wobei sich das Eisen an den Wänden der Spalten absetzte. Durch spätere Erosion wurde es freigelegt oder löste sich im Grundwasser, trat aus eisenhaltigen Quellen zutage und wurde so für den Menschen nutzbar.

Am Weg zu den Estanys de L'Angonella

Tour 16

Ins versunkene Dorf

Von Sant Miquel d'Engolasters zum Estany d'Engolasters

Von der romanischen Kirche Sant Miquel d'Engolasters, einem der interessantesten Bauwerke Andorras, führt der Weg zum Stausee Estany d'Engolasters. Immer wieder eröffnen sich schöne Ausblikke auf Andorra la Vella und das Tal der Valira d'Orient.

DIE WANDERUNG IN KÜRZE

+ Anspruch

3.30 Std. Gehzeit

7 km Länge

Charakter: zunächst sanft, dann eine kurze Strecke steiler bergauf wird ein gut begehbarer ›Philosophenweg‹ erreicht, der ohne nennenswerte Höhenunterschiede zum Estany d'Engolasters führt

Wanderkarte: Andorra, Mapa topogràfic 1:50 000

Einkehrmöglichkeiten: Bar-Restaurant am Parkplatz des Engolasters-Sees, an dessen Nordostufer und bei der Kirche

Sant Miquel d'Engolasters

Anfahrt: mit öffentlichen Verkehrsmitteln ist der Ausgangspunkt nicht zu erreichen; mit dem **Auto** auf der C.G. N° 2 von Andorra la Vella nach Les Escaldes, von dort Richtung Süden eine Serpentinenstraße bergauf nach Sant Miquel d'Engolasters (Parkmöglichkeit an der ein wenig abseits des winzigen Ortes stehenden Kirche)

Wir beginnen unsere Wanderung am Parkplatz vor der Kirche **Sant Miquel d'Engolasters** und gehen zunächst an der Straße wieder ein Stück bergab. Zur Rechten bietet sich eine schöne Aussicht auf die Hauptstadt Andorra la Vella. Nach ca. 2 Min. zweigt in einer Kurve links ein Fahrweg ab, ein Schild weist auf Privatgelände hin. Wir können aber unbesorgt hindurchgehen. Den Bauernhof lassen wir rechts liegen. Kurz darauf passieren wir eine Scheune zur Linken. Durch Tabakfelder, die teils mit Mauern umgeben sind, und über terrassierte Wiesen führt unser

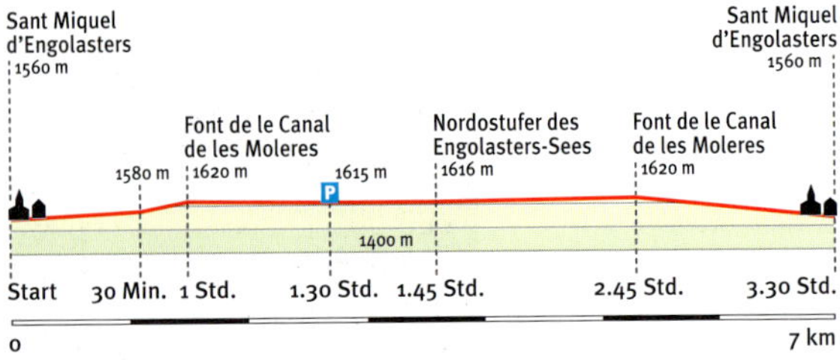

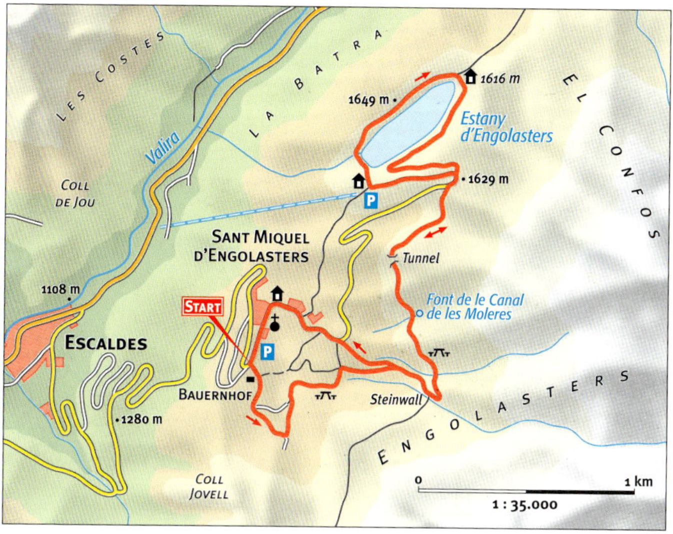

Weg weiter bis zu einer Gabelung. Dort schlagen wir rechts den Wiesenweg ein, auf ein Kiefernwäldchen zu, das schnell durchquert ist. In Schleifen verläuft der Weg zwischen Tabakfeldern und an einem Schießstand vorbei und gewinnt dann am Waldrand allmählich an Höhe.

Nun öffnet sich der Blick ins Tal der Valira d'Orient und hinüber zum Pic de Coma Pedrosa. Wir passieren einen Picknickplatz. Auf dem breiten, von Steinblöcken gesäumten Fahrweg gehen wir noch ein Stück weiter und biegen etwa 150 m hinter dem Picknickplatz rechts ab. Kurz darauf geht es an einer Abzweigung geradeaus zwischen zwei Holzpfählen bergauf bis zu einem zusammengeschobenen **Steinwall** (30 Min.), über den ganz rechts ein schmaler Trampelpfad führt. Der Pfad trifft sogleich auf einen Weg, dem wir nach links, am Steinwall entlang, folgen. Wir queren ein breites Bachbett und treten in den gegenüberliegenden Kiefernwald ein. Dort geht es parallel zum Bach bergauf, wobei die rot-weißen Markierungen als Orientierung dienen.

Zur Linken steht ein riesiger Felsblock (45 Min.). Kurz darauf zweigt ein rot-weiß markierter Pfad links ab, auf dem wir den Weg hangparallel zwischen zwei großen Felsen hindurch fortsetzen. Gleich dahinter befindet sich ein überdachter Grillplatz. Auf einem gut ausgebauten, breiten Wanderweg geht es geradeaus weiter. Links bietet sich jetzt wieder ein herrlicher Blick auf Andorra la Vella. Von links unten führt ein Weg den Hang hinauf, wir aber gehen geradeaus weiter. Kurz darauf überschreiten wir einen schmalen Bachlauf, und oberhalb des Weges sehen wir die gefaßte Quelle **Font de le Canal de les Moleres** (1 Std.).

Wenige Minuten später ist eine Gabelung erreicht, an der wir dem schmalen, rot-weiß markierten Weg nach links folgen. Durch hohen Kiefernwald halten wir auf einen kleinen, 20 m langen Tunnel zu, der

Landschaft bei Engolasters

durch einen Felsblock führt. Dahinter geht es geradeaus auf dem nun immer breiter werdenden Weg weiter. Schließlich ist die Straße zum Lac d'Engolasters erreicht. An der Straße gelangen wir bergauf kurze Zeit später auf einen großen **Parkplatz** (1.30 Std.), an dessen gegenüberliegender Seite ein Waldweg in Serpentinen zum Engolasters-See hinunterführt. Wir folgen dabei der Beschilderung Bar-Restaurant.

Das Südostufer des Sees ist vollständig bewaldet. Auf einem breiten Fahrweg wenden wir uns nach rechts und gelangen zum **Nordostufer des Engolasters-Sees** (1.45 Std.). Vor einem Ausflugslokal auf der linken Seite zweigt ein Weg direkt zum See ab. Von hier aus ist erstmals die gegenüberliegende Staumauer zu erkennen. Rechts ragen die beiden Sendemasten von Radio Andorra empor. Zwar ist das Schwimmen im Stausee verboten, aber am Nordwestufer gibt es Liegemöglichkeiten. Auf dieser Seite gehen wir jetzt weiter um den See herum. Der Weg verläuft etwas oberhalb des Waldrandes bis zur **Staumauer** (2 Std.). Rechts neben dem betonierten Abflußkanal führt ein Trampelpfad zu einer schmalen Holzbrücke, auf der wir den Kanal überqueren.

Dann geht es unterhalb der Staumauer weiter. Zwei Wasserhäuschen lassen wir links liegen. Am zweiten Wasserhäuschen gabelt sich der Weg. Dort gehen wir rechts und folgen dem breiten Weg im Bogen bergauf. 50 m weiter, hinter einer Hütte, an der der Weg durch eine Kette für Fahrzeuge gesperrt ist, biegen wir im spitzen Winkel rechts ab und gehen bergauf auf ein Haus zu. Einheimischer Landhonig wird hier angeboten. Wir orientieren uns jetzt nicht mehr an der rot-weißen Markierung, sondern gehen auf dem breiten Weg weiter. Dieser führt zur Straßenkurve zurück, in die der Pfad mündet, den wir vom Hinweg schon kennen. Diesen wählen wir auch für den Rückweg. Kurz darauf weist an einer Gabelung (2.30 Std.) ein Schild nach rechts auf den ›Circuit interior‹

hin, doch ist dies ein anstrengender Umweg. Auf dem linken, bequemeren Weg erreichen wir die Abzweigung hinter dem Grillplatz (3 Std.), an dem wir steil bergab steigen müssen bis zu dem breiten, von Felsblökken gesäumten Fahrweg. Hier gehen wir rechts und erreichen kurz darauf die Straße. Sie führt, vorbei an den schindelgedeckten, grauen Steinhäusern von **Sant Miquel d'Engolasters,** bergab zur Kirche (3.30 Std.).

Sant Miquel d'Engolasters

Wie überall im östlichen Pyrenäenraum wurden auch in Andorra im 11.–13. Jh. zahlreiche Kirchen im Stil der Romanik errichtet, von denen viele bis heute erhalten sind. Ein besonders schönes Beispiel ist die Kirche von Sant Miquel d'Engolasters, die heute neben den wenigen, verstreut liegenden Bauernhöfen des Ortes recht verloren wirkt. Nachweislich gab es jedoch im 12. Jh. in der Nähe ein größeres Dorf, das der Legende nach im Engolasters-See versunken sein soll als Strafe Gottes für den Geiz seiner Bewohner.

Die Kirche selbst ist winzig klein, besitzt aber einen schlanken, dreistöckigen Turm, an dem die hohen Doppelfenster auffallen. Im Kircheninneren kann man die Kopien der Fresken besichtigen, die früher die Apsis schmückten. Die Originale befinden sich heute im Museum für katalanische Kunst in Barcelona.

Romanische Kirche Sant Miquel d'Engolasters

Tour 17

Wie in einem Steingarten

Von Aulus-les-Bains zur Cascade d'Ars und zum Etang de Guzet
Ein vielbegangener Weg führt zu einem eindrucksvollen Wasserfall. Dann wird es einsam. Felspassagen und Wiesentäler wechseln einander ab. Der Abstieg führt durch schattige Wälder und zu einem stillen Bergsee.

DIE WANDERUNG IN KÜRZE

+++ Anspruch

6 Std. Gehzeit

800 m An-/Abstieg

Charakter: einige steile Passagen beim An- und Abstieg, die gute Kondition und Trittsicherheit erfordern

Wanderkarte: IGN TOP 25, 2048 OT, Aulus-les-Bains, 1:25 000 und IGN TOP 25, 2148 OT, Vicdessos, 1:25 000

Einkehrmöglichkeiten: nur in Aulus-les-Bains

Anfahrt: mit dem **Bus** von St-Girons nach Seix, dort umsteigen in den Bus nach Aulus-les-Bains; mit dem **Auto** von St-Girons auf der D 3 nach Oust, von dort geht es weiter auf der D 32 nach Aulus-les-Bains (Parkplatz im Ortszentrum in der Nähe der Straßenbrücke über den Garbet)

Im Zentrum von **Aulus-les-Bains** in der Nähe der Straßenbrücke über den Garbet befindet sich ein Parkplatz. Von dort folgen wir der Straße flußaufwärts. Nach etwa 7 Min. passieren wir das Ortsschild von Aulus-les-Bains am oberen, östlichen Rand der Siedlung. Etwa 500 m hinter dem Schild zweigt zur Rechten, gegenüber von einem kleinen Haus mit auffälliger Verzierung am hölzernen Dachstuhl (Edelweiß, olympische Ringe, Skier und Skistöcke), ein Feldweg ab. Diesem folgen wir nun hinab zum Talgrund, wo wir auf einen weiteren, quer verlaufenden Weg treffen. Auf diesem gehen wir links.

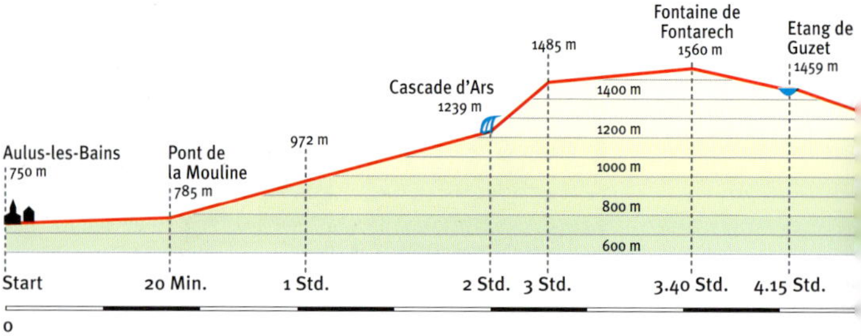

Der Weg gabelt sich nach etwa 50 m, wir halten uns wiederum links. Schon bald teilt sich der Weg erneut. Hier leitet uns ein Hinweisschild nach rechts Richtung Cascade d'Ars.

Auf der kleinen **Pont de la Mouline** (20 Min.) queren wir den Fluß. Von nun an geht es langsam, aber stetig bergauf. Schon etwa 50 m hinter der Brücke gabelt sich der Fußweg. Wir folgen der weiß-roten Markierung nach rechts. Dann erreichen wir ein Wegstück, wo kurz hintereinander mehrere Wege nach rechts und links abzweigen. Wir halten uns stets geradeaus, der weiß-roten Markierung folgend. Daß der Weg einst sorgfältig angelegt wurde und sogar gepflastert war, ist stellenweise noch gut zu erkennen. Verfallene niedrige Steinmauern und Buchenhecken säumen die Route.

Mehr oder weniger höhenparallel laufen wir durch Kulturland, das einst wohl intensiver genutzt wurde, wie verfallene Bergbauernhäuser und halbverwilderte Wiesen bezeugen. Bald sprudelt links von uns wieder ein Bach, an dessen Ufer sich die Route nun orientiert. Die grobe Pflasterung des Weges ist hier noch gut erhalten. An einigen Stellen, wo es mühselig ist, auf den groben, abgerundeten Steinen zu laufen, ist es zu empfehlen, die rechts vom Weg parallel verlaufenden Trampelpfade zu benutzen, insbesondere dort, wo dies nach rund 50 Min. durch eine weiß-rote Markierung an einem Baum empfohlen wird. Der Trampelpfad führt wenig später durch einen winzigen verlassenen Weiler, der einst wohl von Köhlern benutzt wurde, wie die kreisrunde Ruine eines Kohlenmeilers und aufgehäufte Reste von Holzkohle bezeugen.

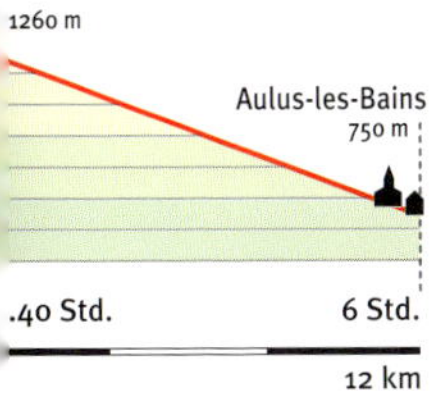

Hinter dem Meiler treffen wir wieder auf das Bachufer, dem wir weiter aufwärts folgen. Längst hat niedriger Buchenwald die Kulturlandschaft abgelöst. Immer enger und schattiger wird die Schlucht. Erste kleinere Kaskaden unterbrechen den Bachlauf. Eine starke Steigung ist im folgenden Wegabschnitt zu überwinden.

Nach 1 Std. Gehzeit stehen wir plötzlich auf einem breiten **Forstweg.** Diesem folgen wir nun mit deutlich verminderter Steigung nach links. Nach etwa 1.30 Std. lichtet sich der Wald. Voraus kommt erstmals die Cascade d'Ars in Sicht. Hier gabelt sich der Weg. Der rechte Abzweig ist mit einer Kette versperrt. Wir gehen links auf der sich nun zum Fußweg verengenden Route weiter, der Beschilderung ›Cascade d'Ars – Lac‹ folgend. Bald wird der Bach auf einer schmalen Brücke überquert. Auf der weiß-rot markierten Route geht es nun wieder steiler bergan. In Serpentinen schraubt sich der Weg bald hoch oberhalb des Bachbetts den Hang hinauf.

Nach 2 Std. sehen wir dann plötzlich die **Cascade d'Ars** nah vor uns. An dieser Stelle kann man im Schatten hoher Buchen zwischen groben Felsblöcken mit Blick auf den imposanten Wasserfall, der sich eine breite Felswand hinab ergießt, rasten. Wir halten nun zunächst auf die Kaskade zu, biegen dann schon sehr

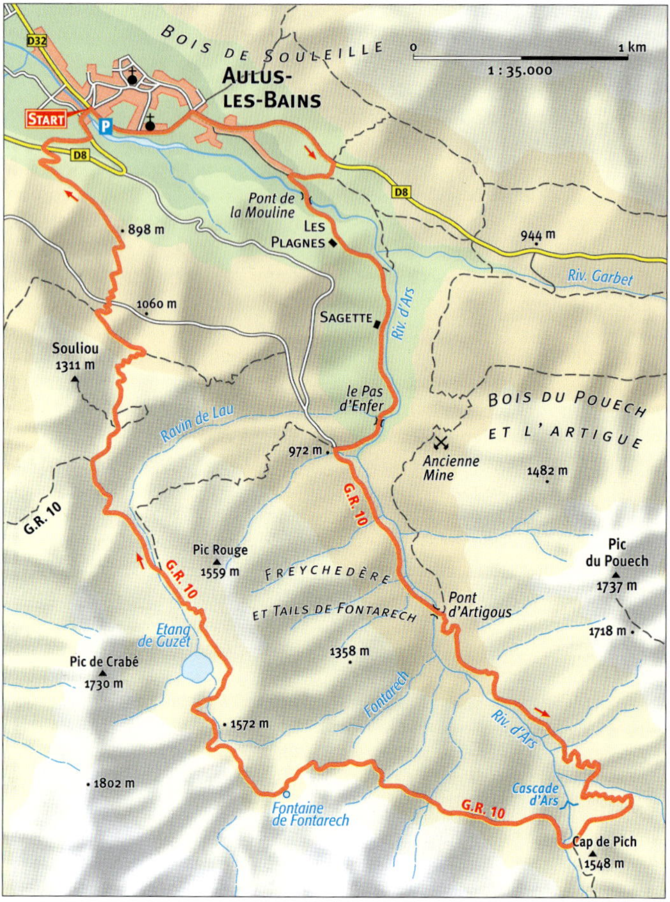

bald an der nächsten Gabelung nach links ab, den rot-weißen Markierungen folgend. Eine Serpentine bringt uns der Kaskade wiederum recht nahe. Sobald der Weg wieder aus dem Wald heraustritt und sich kurz darauf gabelt, kann man rechts einen kurzen Abstecher machen, um einen noch besseren Blick auf den Wasserfall zu werfen. Anschließend kehrt man zu der Gabelung zurück und folgt den weiß-roten Markierungen aufwärts.

Das Geröllbett eines schmalen Seitenbaches wird gequert (2.30 Std.). Gleich sind wir der Cascade d'Ars in ihrem oberen Teil noch einmal ganz nah, bevor sich der Weg dann endgültig von ihr entfernt. In einer Kurve lohnt noch einmal ein kurzer Abstecher nach rechts, um einen Blick auf den Wasserfall zu werfen.

Dann geht es, die Kaskade nun im Rücken, weiter aufwärts, zur Rechten nun eine teilweise überhängende Felswand. Es folgt ein sehr steiler Anstieg auf einem steinigen Weg. Der Wald ist inzwischen einer feuchten Wiese gewichen, die sich über eine weite Talmulde erstreckt. Hier gedeihen Alpenrosen und Knabenkraut. In zahlreichen Wasserrinnen sammelt sich kühles Naß. Der steilste Teil des Anstiegs ist nach ca. 2.45 Std. bewältigt.

Mehr oder weniger hangparallel geht es weiter durch eine Landschaft, die mit moosbewachsenen und von Flechten besetzten Felsgruppen, zartgrünen Farnen und hochsommerlicher Blütenpracht wie ein riesiger Steingarten wirkt. Zahllose Heidelbeerbüsche tragen hier im Juli und August wohlschmeckende Früchte.

Dann ändert sich das Panorama. Wir blicken auf ein Hochtal, in dem der Oberlauf der Rivière d'Ars ruhig vor sich hinplätschert. Hier gabelt sich der Weg. Wir halten uns links, wiederum der weiß-roten Markierung folgend. Der Weg führt sanft in das idyllische **Hochtal** hinunter (3 Std.), wo wir dem Bachlauf kurze Zeit aufwärts folgen und den Wasserlauf dann auf einer schmalen Brücke überqueren. Der Weg verläßt das Wiesental und hält sich nun stets ungefähr auf gleicher Höhe an einem Hang. Der Untergrund ist steinig bis felsig und erfordert ein hohes Maß an Trittsicherheit. Dieses Wegstück sollte man nicht laufen, wenn der Boden gefroren oder schneebedeckt ist, da dann Bergrutschgefahr besteht! In einem Geröllfeld kann die Orientierung etwas erschwert sein. Hier gilt es, besonders sorgfältig auf die weiß-roten Markierungen zu achten, die vorübergehend ein wenig aufwärts führen.

Dann läuft man in den Wald hinein. Der Weg hält sich unterhalb einer steilen Felswand, die aber nach wenigen Minuten wieder offenerem Gelände und später dann Wald weicht. Durch diesen verläuft der Weg nun einige Zeit mehr oder weniger auf gleicher Höhe. Nach gut 3.30 Std. lichtet sich das Gelände. Voraus sind steile Almwiesen und bizarre Bergspitzen zu erblicken. Immer noch geht es etwa hangparallel weiter. Etwa 50 m hinter dem Waldrand findet man links des Weges die **Fontaine de Fontarech** (3.40 Std.), deren kühles Wasser Erfrischung bietet.

Schließlich treffen wir auf einen Pfosten mit weiß-roter Markierung. Jetzt laufen wir durch ein feuchtes Wiesental. Der weiche Untergrund wirkt nach der längeren steinigen Wegpassage erholsam. Riesige, vom Gletscher glattgeschliffene Gesteinsblöcke ragen aus dem moorigen Untergrund heraus. Der höchste Punkt der Wanderung ist nun überwunden. Der Weg wird wieder steiniger und führt durch eine mit Alpenrosen bestandene Wiesenlandschaft abwärts.

Schon bald beschreibt unser Weg einen scharfen Knick nach rechts. Hier gilt es, auf weiß-rote Markierungen und Steinpyramiden zu achten, denn man darf keinesfalls dem schmaleren Pfad geradeaus folgen. Bald tritt der Weg wieder in Wald ein, und links schimmert tief unter uns bereits die Wasserfläche des Etang de Guzet zwischen den Bäumen hindurch.

An einer **Gabelung** gehen wir links zum stillen Bergsee **Etang de Guzet** (4.15 Std.). Dann geht es zurück zum Hauptweg, dem wir weiter folgen. Steiler geht es nun in Serpentinen durch hohen schattigen Wald abwärts. Der Weg ist aber nicht sehr steinig, weshalb es sich recht komfortabel läuft. Ein dicht bewaldetes schmales Tal führt uns nun geradewegs abwärts, und wir queren ein im Hochsommer meist ausgetrocknetes **Bachbett**. Wenig später entfernt sich der Weg nach links vom Bachbett und knickt kurz darauf nach rechts ab, um einen feuchten Wiesengrund seitlich zu passieren.

Dann stehen wir an einer **Gabelung** (4.40 Std.). Hier verlassen wir den weiß-rot markierten Fernwanderweg G.R. 10, der zum Vallée du Fouillet weiterführt, und gehen rechts. Zunächst ohne weitere Höhenunterschiede queren wir eine Farnwiese. Unser Weg ist von hier an mit gelben Farbbalken markiert. Ca. 5 Min. später treten wir wieder in den Wald ein. Der nun folgende Wegabschnitt verläuft in Serpentinen steil abwärts. Auf dem weichen Waldboden wandert es sich jedoch recht angenehm. Wer möchte, kann die Serpentinen hier und da auf schmaleren Pfaden abkürzen, doch ist dies beim Abwärtsgehen wegen der starken Belastung für die Knie nicht unbedingt zu empfehlen.

Nach knapp 5 Std. trifft unser Wanderweg auf einen breiteren **Forstweg.** Ein gelber Pfeil weist uns die Richtung, es geht nach links weiter, nun mit deutlich vermindertem Gefälle. 5 Min. später zweigt nach links aufwärts ein schon recht zugewachsener Forstweg ab, den wir nicht beachten. Dann erreichen wir eine Wegkreuzung. Ein dicker gelber Pfeil weist uns deutlich den weiteren Verlauf der Wanderroute nach rechts abwärts auf dem nun wieder schmaleren, nicht mehr für Fahrzeuge befahrbaren Weg.

Eine Serpentine weiter abwärts befinden wir uns wieder auf einem breiten Forstweg, auf dem wir rechts gehen, den gelben Markierungen folgend. Knapp 50 m weiter zweigt dann unser Wanderweg steil nach links abwärts ab. Wir erreichen wenig später eine breitere Forstpiste, gehen auf dieser ca. 30 m nach rechts und finden dort zur Linken unseren Wanderweg wieder, auf dem wir uns abwärts halten. In steilen Serpentinen verlieren wir rasch an Höhe. Wir passieren eine gefaßte Wasserstelle, und hinter der nächsten Serpentine stehen wir an einem schmalen Wasserlauf, dessen kühles Naß Erfrischung bietet. Dann endet die Serpentinenstrecke, der Weg verläuft fast parallel zum Hang mit sanftem Gefälle weiter.

Bald sind rechts zwischen den Baumwipfeln schon die Häuser von Aulus-les-Bains zu erkennen. An einer Gabelung folgt man dem schmaleren linken Pfad, der nicht so steil abwärts führt. (Das gelbe Kreuz an einem Baum neben dem rechten steileren Pfad bedeutet, daß man hier nicht gehen soll!) Zwei letzte Serpentinenkurven führen aus dem Wald heraus und auf die Straße, die vom Col de Latrape kommend nach Aulus-les-Bains führt.

Wir laufen an der Straße entlang etwa 80 m nach links, also aufwärts, und finden dort rechter Hand die Fortsetzung unseres Wanderwegs. Der steile Pfad führt durch niedriges Gebüsch abwärts und trifft 5 Min. später wieder auf die Straße, jetzt schon bei den ersten Häusern von **Aulus-les-Bains.** Wir wenden uns auf der Straße links, überqueren wenig später den Fluß und erreichen nach 6 Std. wieder den Ausgangspunkt.

Wer Lust hat, kann nun noch einen Rundgang durch den Kurort anschließen. Ehrwürdige Hotels strahlen den Charme vergangener Jahrzehnte aus, doch besitzt Aulus-les-Bains modernste Badeanlagen.

Ein Zirkus ohne Artisten

Durch das Tal des Cors zum Cirque de Cagateille und weiter zum Etang de la Hillette

Recht gemächlich verläuft der Wanderweg zum Talzirkus von Cagateille, einem der eindrucksvollsten Naturwunder des Ariège. Zum Bergsee von Hillette geht es dann steil bergauf.

DIE WANDERUNG IN KÜRZE

+++
Anspruch

5 Std.
Gehzeit

800 m
An-/Abstieg

Charakter: erst bequemer Waldweg, später steiler Bergpfad; Trittsicherheit und gute Kondition sind notwendig

Wanderkarte: IGN TOP 25, 2048 OT, Aulus-les-Bains, 1:25 000

Einkehrmöglichkeiten: keine

Anfahrt: mit öffentlichen Verkehrsmitteln ist der Ausgangspunkt nicht zu erreichen; mit dem **Auto** von St-Girons auf der D 3 nach Seix und weiter Richtung Couflens, in Pont de la Taule (ca. 5 km südlich von Seix) links abbiegen auf die D 8, nach 7 km rechts Richtung St-Lizier fahren, von dort führt eine schmale Straße geradeaus weiter, an einer Gabelung (ca. 3 km hinter St-Lizier) links halten und bis zum Straßenende fahren (Parkplatz; wenige Plätze, deshalb in der Saison möglichst früh anfahren)

Oberhalb des **Parkplatzes** steht eine kleine Schutzhütte. Links von dieser beginnt der Wanderweg, der mit ›La Hillette‹ und ›Cagateille‹ ausgeschildert ist. Über eine Almwiese geht es in einer Serpentine aufwärts. Dann schauen wir schon auf unser erstes Ziel, den dicht bewaldeten und von Wasserfällen durchzogenen Cirque de Cagateille. Oberhalb des Talzirkus dehnen sich am Fuß des Campet Firnschneefelder aus.

Nach ca. 10 Min. tritt der Weg in einen hohen, schattigen Buchenwald ein. Es geht langsam, aber stetig bergauf; bis zum Cirque de Cagateille erwarten uns aber nur recht moderate Höhenunterschiede. Ein hölzerner Pfeil weist steil nach links aufwärts. Schon nach wenigen Metern erkennen wir den Grund für die kurze Umleitung, denn auf einer noch recht neuen Brücke queren wir einen schmalen Bach, in dem je nach Jahreszeit mehr oder weniger kräftig Wasser sprudelt. Das Gatter am Ende der kurzen Brücke muß nach dem Passieren wieder geschlossen werden. Dann geht es wenige Meter abwärts, und wir erreichen wieder unseren Wanderweg, der nun allmählich aus dem Wald heraustritt. Der Blick auf den Cirque de Cagateille ist von hier aus noch eindrucksvoller.

Schließlich erreicht unser Weg die Talsohle eines Gebirgsbachs. 5 Min.

später queren wir diesen auf einer Brücke und finden dahinter einen Wegweiser, der uns links bergauf Richtung Etang de la Hillette leitet. Der Beginn des weiteren Wegverlaufs ist, damit er nicht verfehlt werden kann, mit Pflöcken markiert.

Der Aufstieg wird nun merklich steiler. Schon bald finden wir ein weiteres Hinweisschild Richtung Etang de la Hillette (50 Min.). Unser Weg entfernt sich nun allmählich wieder vom Bach. Wir steigen auf steinigem Pfad durch schattigen Wald aufwärts, wobei sich immer öfter Tannen unter die Laubgehölze mischen.

An einer Gabelung können wir wahlweise rechts oder links gehen, die beiden Spuren führen bald wieder zusammen. Stellenweise ist der Waldboden dicht mit groben Gesteinsbrocken übersät. Dadurch wird die Orientierung erschwert. Der Wegverlauf ist jedoch durch kleine Steinpyramiden, niedrige Begrenzungsmauern und gelbe Striche recht gut markiert. Der Weg verläuft kurze Zeit unterhalb einer senkrechten **Felswand** (1.30 Std.), dem einzigen markanten Landschaftsmerkmal beim Aufstieg zum Etang de la Hillette. Am rechten Rand der Felswand geht es dann wieder steil bergauf.

Nach ca. 2 Std. treten wir plötzlich aus dem Wald heraus und sehen vor uns Firnschneefelder und Wasserfälle. Ein Wegweiser leitet uns nach links weiter zum Etang de la Hillette. Der nun folgende Wegabschnitt führt über eine locker mit Kiefern und Birken bestandene Almwiese, wo im Hochsommer Knabenkrautarten mit rosafarbenen bis violetten Blüten Akzente setzen. Es geht über glattgeschliffene Felsplatten, Zeugen dafür, daß einst ein Gletscher dieses Gebiet bedeckte. An einem steileren Wegstück wurde ein Seil angebracht, das als Stütze beim Auf- und Abstieg dient. Am Fuß dieses

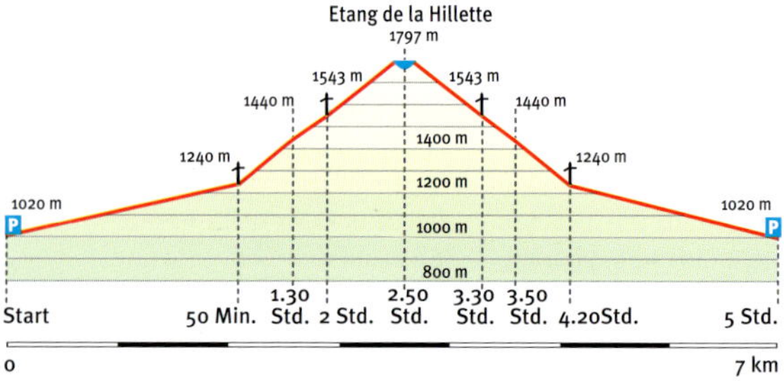

Etang de la Hillette

Teilstücks zweigt rechts ein schmalerer Pfad ab, den man nicht benutzen darf, denn er endet abrupt über einer Schlucht. Diese wird vom Hauptweg aus sichtbar, sobald man das mit einem Seil gesicherte Teilstück überwunden hat. Am Rand der Schlucht geht es weiter aufwärts.

Kurz darauf gabelt sich der Weg. Rechts geht es zum Port de Couillat, wir aber folgen dem hölzernen Wegweiser Richtung Etang de la Hillette nach rechts. Hier beginnt der schwierigste Abschnitt der Wanderung. Etwa 20 m geht es an einer Felswand sehr steil bergab zum Fuß der Schlucht. Zum Glück ist diese Wegstrecke durch ein Seil gesichert. Nachdem dieser komplizierte Abstieg, der Trittsicherheit unbedingt voraussetzt, überwunden ist, geht es über grobe Felsen hinweg durch das Bett der Schlucht hinauf zum **Etang de la Hillette,** dessen Ufer nach etwa 200 m erreicht ist (2.50 Std.). Hier kann man eine längere Pause einlegen.

Dann geht es zurück die Steilwand hinauf bis zur Weggabelung, wo man dem Pfad Richtung Port de Couillat noch ein Stück folgen kann. Etwa 5 Min. hinter der Gabelung bietet sich eine hervorragende Sicht über den See und die angrenzenden Felswände. Anschließend geht es zurück zur Gabelung und dann abwärts auf demselben Weg, den wir für den Aufstieg gewählt haben. Nach insgesamt 5 Std. erreichen wir wieder den **Parkplatz.**

Tour 19

Route der Bergseen

Von der Pont de Pallers über den Estany de Sant Maurici zur Amitges-Hütte

Vom Bergsee Estany de Sant Maurici geht es zunächst durch Wald, dann über Bergwiesen und an mehreren Seen vorbei zur Amitges-Hütte am gleichnamigen Stausee. Unterwegs ergeben sich immer wieder herrliche Ausblicke.

DIE WANDERUNG IN KÜRZE

++ Anspruch

6 Std. Gehzeit

800 m An-/Abstieg

Charakter: anstrengende Wanderung auf breitem Weg

Wanderkarten: Carte de Randonnées 1:50 000, Pyrénées, carte n° 6: Couserans; oder Mapa topográfico Excursionista, Sant Maurici – Els Encantats, 1:25 000, Editorial Alpina, Barcelona

Einkehrmöglichkeit: Refugi d'Amitges im Nationalpark

Anfahrt: Espot ist mit öffentlichen Verkehrsmitteln nicht zu erreichen; mit dem **Auto** von Sort auf der C 147 das Tal der Noguera Pallaresa aufwärts, am Beginn des Stausees Pantà de la Torrassa links abzweigen nach Espot, von dort ca. 3 km bis zum Eingang des Nationalparks an der Pont de Paller: Straße ist ab hier für Privatfahrzeuge gesperrt (großer Parklatz); von Espot fahren Jeep-Taxis in den Nationalpark (zum Estany Sant Maurici und zur Amitges-Hütte); wer die Wanderung am Estany de Sant Maurici beginnt, erspart sich ca. 2 Std. Gehzeit

Unterkunft: Refugi d'Amitges (80 Schlafplätze) im Nationalpark, ✆ 933 15 23 11

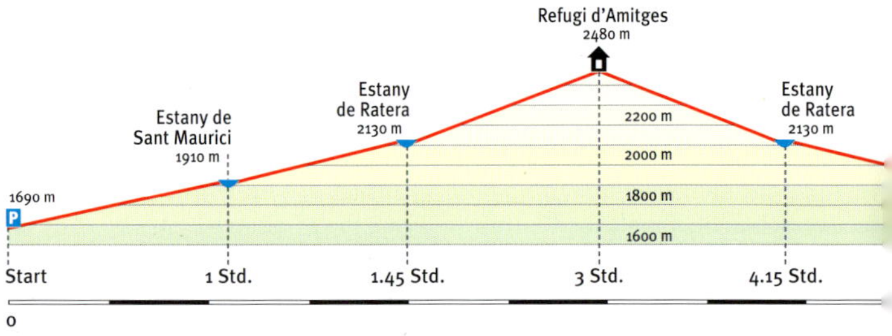

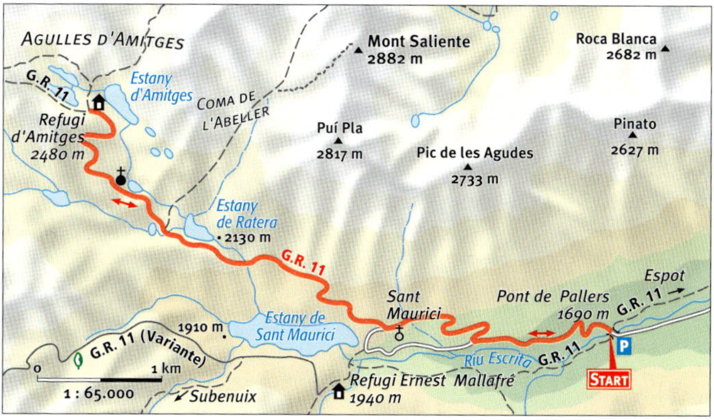

Die Wanderung beginnt am Parkplatz an der **Pont de Pallers.** Ein nicht zu verfehlender Weg führt teils auf der asphaltierten Zufahrtsstraße, teils durch blühende Wiesen zum **Estany de Sant Maurici** (1 Std.).

Vom See führt rechter Hand eine breite, steinige Piste hangaufwärts. Zur Linken passieren wir die Ruine einer ehemaligen Schutzhütte der Gebirgsjäger. Dann kommen wir zu einer Holzbrücke; sie überspannt den reißenden Wildbach, dem wir bergauf folgen. Vom rechten Talhang hat eine große Schuttlawine den Bach verschüttet. Er fließt hier, für uns unsichtbar, zwischen den Gesteinsbrocken hindurch.

Bald darauf erreichen wir den **Estany de Ratera** (1.45 Std.). Das kristallklare, sehr flache Gewässer verlandet allmählich von der gegenüberliegenden Seite her. Noch vor dem See zeigt ein Schild zur Coma de la Abeller, dem kegelförmigen Berg zur Rechten, von dem sich ein Wasserfall in den **See** ergießt. Wir aber wandern geradeaus oberhalb des linken Seeufers weiter.

An einer Gabelung gehen wir links, also nicht zum See hinunter. Schon bald treffen wir erneut auf eine Gabelung. Rechts weist uns ein Schild den Weg zum Refugi d'Amitges. Gleich darauf führt eine Holzbrücke über den Bach. Direkt oberhalb der Brücke liegt ein weiterer, fast schon verlandeter See. In den verbliebenen Wasserflächen tummeln sich junge Bachforellen.

Der Weg schraubt sich in Serpentinen bergauf. Rechts unten im Tälchen liegt ein dritter, ebenfalls stark verlandeter See. Das diesseitige Ufer des Sees und der Wegrand werden von einer blühenden Wiese gesäumt. Der Weg führt nun steiler bergan, bleibt aber stets breit und gut begehbar, wenn auch recht steinig. Auf diesem Streckenabschnitt bietet sich ein wundervolles Panorama auf die gegenüberliegenden,

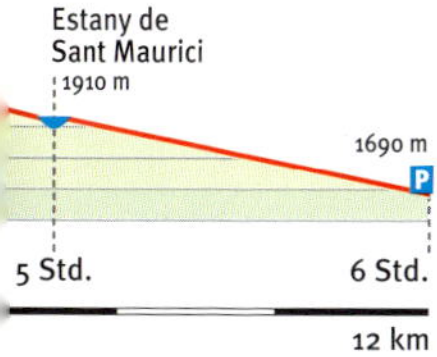

Brücke über Riu Escrita

firnbedeckten Hänge. Dann ist die **Amitges-Hütte** erreicht (3 Std.). Voraus kann man schon die Staumauer des unteren **Estany d'Amitges** erkennen. 50 m hinter der Hütte gabelt sich der Weg, und der rechte Pfad führt direkt zum See. Ein herrlicher Blick auf die Bergspitzen Agulles d'Amitges lohnt die Mühen des Aufstiegs.

Auf dem gleichen Weg kehren wir zurück und erreichen nach 6 Std. wieder den Parkplatz an der **Pont de Paller.**

Auf dem Weg zur Amitges-Hütte

Zum Zwei-Täler-Blick

Von der Pont de Pallers über den Estany de Sant Maurici zum Portarró d'Espot

Einer der schönsten Wanderwege im Gebiet von Aigüestortes führt zum Portarró d'Espot, der Paßhöhe, die im Zentrum des Parks die beiden Haupttäler von Sant Maurici im Osten und vom Riu de Sant Nicolau im Westen trennt.

DIE WANDERUNG IN KÜRZE

+++
Anspruch

7 Std.
Gehzeit

750 m
An-/Abstieg

Charakter: zunächst gemächlich, dann immer steiler bergauf, feuchte Wiesengründe wechseln mit steinigen Wegstrecken ab, bis die Paßhöhe erreicht ist

Wanderkarten: Carte de Randonnées 1:50 000, Pyrénées, carte n° 6: Couserans; oder Mapa Topográfico Excursionista, Sant Maurici – Els Encantats, 1:25 000, Editorial Alpina, Barcelona

Einkehrmöglichkeit: Refugi Ernest Mallafré im Nationalpark

Anfahrt: Espot ist mit öffentlichen Verkehrsmitteln nicht zu erreichen; mit dem **Auto** von Sort auf der C 147 das Tal der Noguera Pallaresa aufwärts, am Beginn des Stausees Pantà de la Torrassa links abzweigen nach Espot, von dort ca. 3 km bis zum Eingang des Nationalparks an der Pont de Paller: Straße ab hier für Privatfahrzeuge gesperrt (großer Parkplatz); von Espot fahren Jeep-Taxis in den Nationalpark (zum Estany Sant Maurici und zur Amitges-Hütte); wer die Wanderung am Estany de Sant Maurici beginnt, erspart sich 2 Std. Gehzeit

Unterkunft: Refugi Ernest Mallafré (30 Schlafplätze) im Nationalpark

Ausgangspunkt der Wanderung ist der Parkplatz an der **Pont de Pallers.** Ein nicht zu verfehlender Weg führt teils auf der asphaltierten Zufahrtsstraße, teils durch blühende Wiesen zum **Estany de Sant Maurici** (1 Std.).

An der Staumauer vorbei wenden wir uns links, der Beschilderung nach Portarró folgend. Nach etwa 50 m, am Ende der Staumauer, gabelt sich der Weg; wir gehen links hinunter. Ein breiter, bequemer, aber steiniger Fahrweg führt talabwärts. Bald zweigt links der Weg zur Capela de Sant Maurici ab (s. u.). Wir wählen aber den Weg nach rechts, Richtung Portarró. Durch feuchten Talgrund geht es nun sanft bergauf.

Zwei Holzbrücken überspannen den ausgetrockneten Abfluß des Staubeckens. Direkt voraus ragen

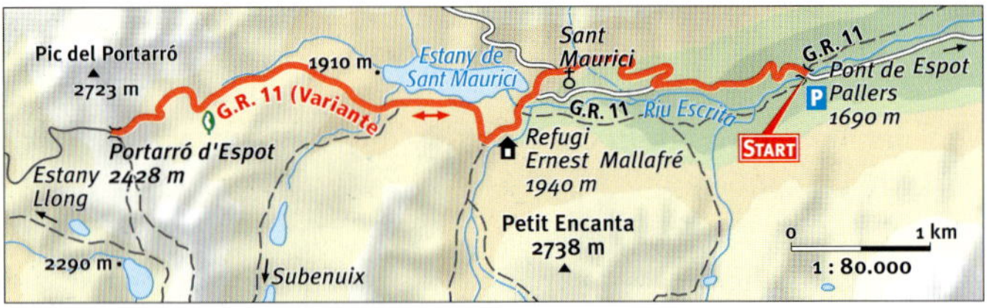

die beiden Encantats-Gipfel mit einem großen Firnschneefeld an der Nordseite auf. Kurz darauf liegt zur Linken das **Refugi Ernest Mallafré,** eine bewirtschaftete Schutzhütte, die eine Wettermeßstation beherbergt (1.20 Std.). Dann geht es bergauf über eine Bergwiese. Etwa 150 m hinter der Hütte treffen wir auf eine Gabelung, an der wir uns links halten. Eine schmale Abzweigung zur Rechten bleibt unbeachtet. 50 m dahinter stoßen wir auf eine weitere Gabelung. Dort folgen wir rechts der Beschilderung nach Portarró.

Über eine blühende Bergwiese steigt der Weg weiter aufwärts. Zur Rechten ist immer wieder der Blick auf den Stausee frei. Noch einmal führt der Weg fast bis auf Seeniveau hinab, bevor es dann stetig, aber zunächst sanft bergan geht. Danach gilt es, auf Steinen und einer schmalen Brücke aus Baumstämmen einen Bach zu überschreiten (2 Std.).

An der Abzweigung nach Subenuix (2.15 Std.) folgen wir weiter dem Schild Portarró geradeaus. Wenig später durchquert der Weg ein von zahlreichen Heuschrecken und Schmetterlingen belebtes Wiesental. Ab und zu huscht auch eine Eidechse vorbei. Wir kreuzen einen kleinen Bach, der träge durch einen feuchten Talgrund fließt. In den beinahe strömungslosen Tümpeln sind Kaulquappen und Wasserläufer zu beobachten.

Anschließend geht es wieder steil bergauf. Der Weg wird jetzt recht steinig. Immer wieder schweift der Blick hinüber auf die bizarre Bergwelt der anderen Talseite. Dann sehen wir vor uns schon die Paßhöhe. Durch feuchte Wiesengründe fließt der nun stark verzweigte Bach. Ein bequemer Grasweg führt weiter aufwärts, wird aber bald steiler und steiniger. Dann beginnt der letzte, anstrengendste Teil des Aufstiegs zum Paß. In Serpentinen windet sich der Weg hinauf. Schließlich öffnet sich voraus ein breiter Sattel, und der Paß **Portarró d'Espot** ist erreicht (3.30 Std.). Häufig kreisen hier oben große Schwärme von Alpendohlen.

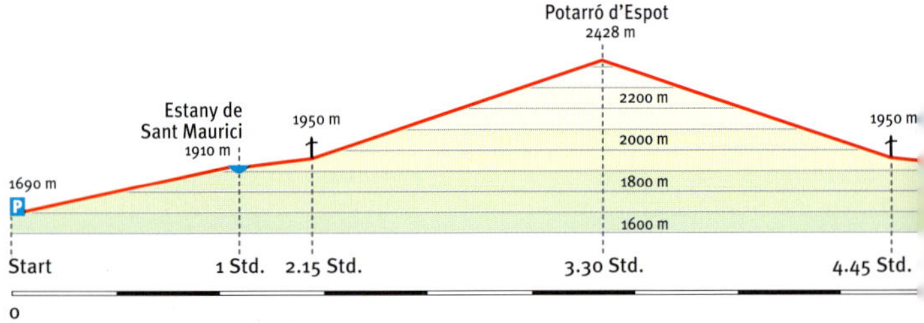

Portarró d'Espot

Noch 100 m fehlen bis zum höchsten Punkt. Ein paar Schritte weiter bietet sich der schönste Ausblick in das Tal des Riu de Sant Nicolau mit dem Llong-See.

Auf dem Rückweg bietet sich ein Abstecher zur **Sant-Maurici-Kapelle** an (10 Min.). Nachdem wir die Ernest-Mallafré-Hütte passiert haben, folgen wir an der dahinterliegenden Kreuzung der Beschilderung zur Capela de Sant Maurici nach rechts. Kurz darauf sehen wir die Kapelle zur Linken unter einer überhängenden Felswand sitzen.

Die heutige Sant-Maurici-Kapelle, ein moderner, nüchterner Bau, ersetzt eine ältere Kapelle, die früher an dieser Stelle gestanden hat. Einer Legende zufolge wurde hier einst eine Messe gefeiert, an der auch eine Gruppe Jäger teilnahm. Zwei der Jäger verließen die Kirche vorzeitig, vermutlich um sich die besten Plätze bei der Jagd zu sichern. Der erboste Pfarrer beschwor daraufhin den Zorn Gottes, und die beiden Ungeduldigen verwandelten sich in Felsnadeln, nämlich in die beiden Encantats-Spitzen, die heute auf den Sant-Maurici-See hinunterschauen und eines der beliebtesten Foto-Objekte des Aigüestortes-Parks sind.

Wir kehren zur Kreuzung zurück, wandern rechts auf dem Fahrweg zum See und von dort zum Parkplatz an der **Pont de Pallers** (7 Std.).

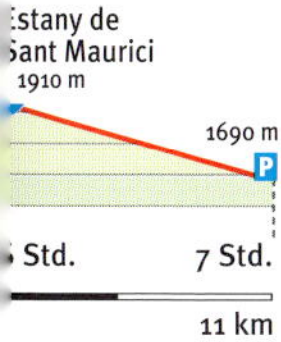

Tour 21

Ins verlassene Tal

Vom Pla de Beret zum ehemaligen Kloster Montgarrí und nach Eth Dossau

Diese sehr schöne Wanderung führt vom Pla de Beret, der Wasserscheide zwischen Atlantik und Mittelmeer, durch das Tal der Noguera Pallaresa zum ehemaligen Kloster Montgarrí, einem einst bedeutenden Wallfahrtsziel.

DIE WANDERUNG IN KÜRZE

+ Anspruch

4.30 Std. Gehzeit

12 km Länge

Charakter: Hinweg sanft bergab, zurück auf breitem Fahrweg durch schattigen Bergwald; keine nennenswerten Höhenunterschiede

Wanderkarten: Carte de Randonnées 1:50 000, Pyrénées, carte n° 6: Couserans; oder Mapa Topográfico Excursionista, Montgarrí – Mont Valier, 1:25 000, Editorial Alpina, Barcelona

Einkehrmöglichkeit: in den Sommermonaten im ehem. Kloster Montgarrí

Anfahrt: mit öffentlichen Verkehrsmitteln ist der Ausgangspunkt nicht zu erreichen; mit dem **Auto** von Vielha auf der C 142 über Salardú nach Vaquèira-Beret, dort Richtung ›Skigelände‹ (Pla de Beret) bis zum zweiten Parkplatz am Ende der Straße

Unser Weg beginnt an der blauen Lagerhalle am hinteren Ende des zweiten Parkplatzes auf dem **Pla de Beret.** Wir gehen rechts an der Halle vorbei und überqueren den Bach auf Steinen oder Holzbalken. Auf der anderen Seite angelangt, halten wir quer über die Weide auf den Hang zu. Dort treffen wir auf einen breiten Feldweg, dem wir nach rechts, also talabwärts, folgen. Zahlreiche Wiesenbäche kreuzen den Weg, der dadurch stellenweise recht naß sein kann. Vereinzelt leuchten hohe Stauden des Gelben Enzians aus dem Gras heraus. Nur sie können dem Verbiß durch Vieh standhalten. An Feuchtstellen bildet Scheuchzers Wollgras mit seinen weißen, wolligen Fruchtständen gemeinsam mit dem Gefleckten Knabenkraut dichte Bestände.

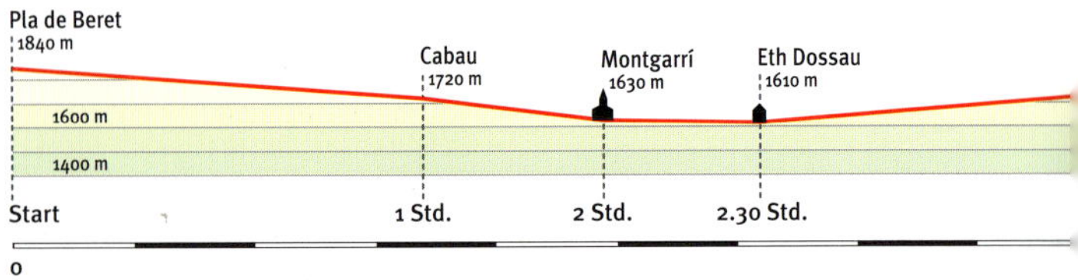

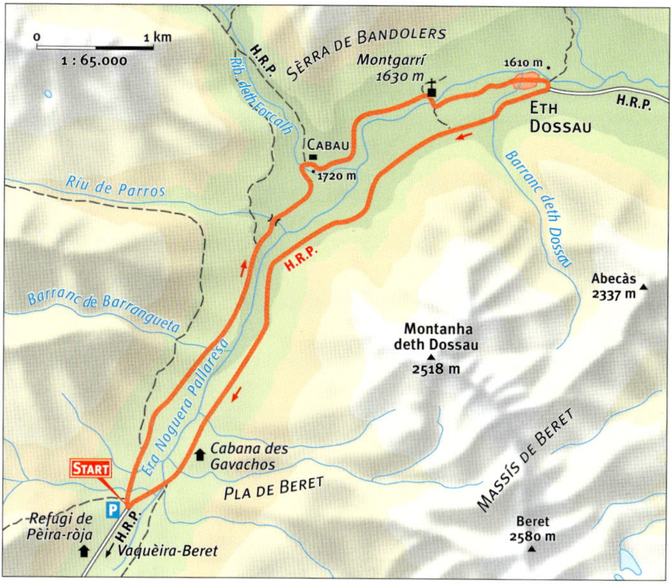

Nach allmählichem, sanftem Abstieg ereichen wir ein kleines Waldstück, wo ein breiter Bach zu überqueren ist (30 Min.). Wir passieren ein weiteres Wäldchen, und wieder führt der Weg über eine Weide. Etwas steiler, aber immer noch bequem geht es nun bergab. Ein Wegweiser zeigt nach Montgarrí. Wir halten jetzt auf ein größeres Seitental zu, in dem eine Betonbrücke den breiten Bach überspannt. Bald darauf kommen wir an dem halb verfallenen Gehöft **Cabau** vorbei (1 Std.).

Der Weg führt nun eine Weile eben am Wiesenhang entlang. Dann sehen wir Montgarrí im Tal vor uns liegen. Jetzt geht es wieder bergab. Wir passieren ein Gatter mit einem Schild, auf dem gebeten wird, das Tor nach Durchschreiten wieder zu schließen. Dann ist das ehemalige **Kloster Montgarrí** erreicht (2 Std.). Es war lange verlassen und befand sich in einem desolaten Zustand, bevor es jüngst renoviert wurde.

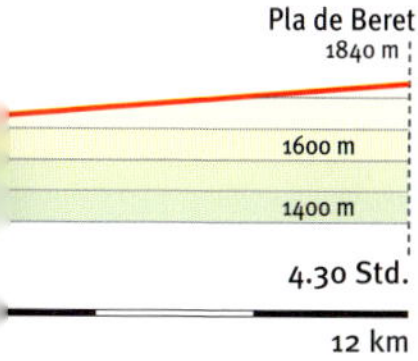

Das Sanktuarium aus dem 12. Jh. erfreute sich früher bei zahlreichen spanischen und französischen Gläubigen großer Beliebtheit. Die Ratsherren der Stadt Salardú sollen einst den Ort, wo sich heute das Kloster befindet, einer Untersuchung unterzogen haben, wobei eine Statue der Heiligen Jungfrau gefunden wurde. Diese brachte man zunächst in die Pfarrkirche von Salardú, errichtete dann jedoch das Kloster Montgarrí und überführte das Marienbild in die dortige Kirche, die zum Ziel vieler Pilgerreisen wurde. Von da an sollen zahlreiche Wunder in Montgarrí geschehen sein. Eines davon soll sich seit der Weihe der Muttergottes bis heute wiederholen: In den Bergen um Montgarrí, so heißt es, weiden zahlreiche Kühe ohne Hirten, nur bewacht von einem Stier, dem sie bedingungslos gehorchen. Stirbt der Stier, beten sie, damit ein neuer diese schützende Funktion übernimmt!

Auf einer Holzbrücke überqueren wir direkt vor dem Klostereingang den hier schon recht breiten Bach und gehen links auf einer Piste weiter. Bald gabelt sich der Fahrweg. Wir halten uns links auf die Häuser des verlassenen Dorfes **Eth Dossau** zu (2.30 Std.), das in der Nähe des Klosters entstanden war. Mit der Aufgabe des Klosters ging auch die Einwohnerzahl des Dorfes beständig zurück. Heute trifft man in Eth Dossau nur noch auf Ruinen. Mehr oder weniger zerstörte Häuser säumen den Wegrand. Eine Holzbrücke führt über einen Bach, und kurz darauf sehen wir auf der linken Seite ein recht gut erhaltenes Haus mit einer Sonnenuhr über dem Eingang. Dort steigen wir rechts über eine Wiese einige Meter den Hang hinauf, bis wir auf einen breiten Fahrweg stoßen, dem wir nach rechts folgen.

Oberhalb von Eth Dossau bietet sich auf dem Rückweg noch einmal ein schöner Blick auf das Dorf. Dann tritt der Weg in einen schattigen Kiefernwald ein. Stetig geht es nun auf der breiten, bequemen Piste talaufwärts. Wir passieren einen hübschen Wasserfall, gleich darauf kommt von unten rechts ein Fahrweg herauf. Wir aber gehen geradeaus weiter.

Breite Schuttfächer aus Gneisgestein verhüllen zur Linken den Hangfuß und begleiten den Weg eine ganze Weile. Einen Wiesenweg, der zur Linken abzweigt, lassen wir unbeachtet. Es geht jetzt um eine breite Felsnase herum, und bald ist die Sicht ins Tal hinunter wieder frei. Am gegenüberliegenden Hang kann man den uns vom Hinweg bekannten, verlassenen Bauernhof Cabau ausmachen und bald darauf dann weit in das Forcalh-Tal hineinschauen bis zu den Firnschneefeldern am oberen Talschluß. In der Ferne erscheint voraus das Massiv von Aigüestortes. Wir überqueren eine Weide, und langsam geht es auf der Piste bergauf bis zum Parkplatz auf dem **Pla de Beret** (4.30 Std,).

Der Gelbe Enzian

Der bis zu 1,5 m hohe Gelbe Enzian bevölkert Almen und Zwergstrauchheiden. Die auffallende Staude bevorzugt Kalkböden und tritt oft in kleinen Gruppen auf. Die großen, gegenständigen Blätter sind wie eine Schale geformt. In den Blattachseln und am Ende des Stengels sitzen die gelben Blüten (Juli/August), deren winzige Samen durch den Wind verbreitet werden.

Alle Pflanzenteile, vor allem aber die Wurzel, enthalten Bitterstoffe und Gerbsäuren, die von alters her gegen die verschiedensten Krankheiten Verwendung fanden. Sie wirken als Tonikum, sind verdauungsfördernd und blutreinigend. Während man in den Alpen den Enzian-Schnaps mit den Wurzeln ansetzt, werden in den Pyrenäen Aperitif und Kräuterlikör daraus hergestellt. Da die Einwohner die Wurzeln seit jeher für diese Zwecke ausreißen, ist der gelbe Enzian auch in den Pyrenäen seltener geworden. Dennoch kann man die Pflanze hier entdecken, so auch auf der Wanderung nach Montgarrí.

Vis-à-vis vom höchsten Gipfel

Von La Besurta zum Portillón de Benás

In steilen Serpentinen geht es aufwärts zum Paß von Benasque. Einst verlief hier ein wichtiger Saumpfad nach Frankreich. Über die Grenze führt ein Abstecher zu azurblauen Seen.

DIE WANDERUNG IN KÜRZE

++
Anspruch

4.30 Std.
Gehzeit

600 m
An-/Abstieg

Charakter: zunächst steiler, später mäßiger Anstieg zur Paßhöhe, dann steiler, stellenweise rutschiger Abstieg zu den Karseen Boums du Port; zurück ebenfalls steiler An- und Abstieg; Trittsicherheit und gute Kondition erforderlich

Wanderkarte: Carta Excursionista de los Pirineos, 1:40 000, Benasque – Ball de Benás, Editorial Pirineo

Einkehrmöglichkeit: Refuge de Benasque (Boums du Port)

Anfahrt: mit öffentlichen Verkehrsmitteln ist der Ausgangspunkt nicht zu erreichen; mit dem **Auto** auf der N 260 von Pont de Suert oder Ainsa bis Castejón de Sós, von dort auf der A 139 nach Benasque und weiter talaufwärts, im oberen Talbereich rechts abbiegen auf eine Piste, der Beschilderung ›La Renclusa‹ folgend, Piste geht später in eine holprige Straße über, auf der man bis zu ihrem Ende am Parkplatz von La Besurta fährt

Vom Parkplatz von **La Besurta** aus wenden wir uns auf der schmalen holprigen Straße wieder ein Stück zurück, bis wir rechter Hand auf den Einstieg unseres Wanderwegs treffen. Er ist mit ›Puerto de Benasque‹ beschildert.

Der schmale Pfad gewinnt in steinigem Gelände schnell an Höhe. Im unteren Bereich ist er zunächst nur schwer auszumachen. Doch bald erkennt man eine breitere Spur, die sich, in lockeren Abständen durch Steinpyramiden markiert, in steilen Kurven den Hang hinaufwindet. Nach insgesamt 15 Min. knickt der Pfad dann nach rechts ab und führt vorübergehend unterhalb einer niedrigen Felswand entlang. Am Ende der Felswand treffen wir auf einen mittels rot gestrichener Holzpfosten als ›Ruta Hípica‹ (Reitweg) markierten Weg, auf dem wir rechts, also aufwärts, gehen. Schon wenige Meter darauf treffen wir auf eine Gabelung. Nach rechts führt der breite Weg weiter, ein alter, kaum noch genutzter Saumpfad. Wir können links auf dem deutlich erkennbaren Pfad abkürzen, der rasch an Höhe gewinnt. Talaufwärts erkennt man in der Ferne die Spitzen der Picos Forcanada und rechts davon, etwas näher gelegen, den zuckerhutförmigen Tuca de Aiguallut. Auf der gegenüberliegenden Talseite liegt der

Gletscher des Aneto, des mit 3404 m höchsten Berges der Pyrenäen. Sein Gipfel ist oberhalb des linken Gletscherrandes zu erkennen.

Im wesentlichen folgt unsere Route nun dem alten Saumpfad, der einstmals recht breit und gut ausgebaut war, der aber nur noch stellenweise als solcher zu erkennen ist. Immer wieder kann man die vor langer Zeit angelegten Serpentinen auf steilen Abkürzungen abschneiden. Nach knapp 1 Std. treffen wir wieder auf zwei Pflöcke, die den Reitweg markieren. Genau zwischen den beiden Pflöcken finden wir links eine Abzweigung, auf der wir eine längere Kurve abschneiden können. Sobald wir den Saumpfad wieder erreicht haben, halten wir uns weiter bergauf und treffen kurz darauf bei einem dritten Holzpflock auf eine **Gabelung** (1 Std.). Hier gehen wir links. Der steilste Anstieg unserer Wanderroute, wo sich auf der Karte die Höhenlinien eng aneinanderdrängen, ist nun bewältigt.

Oberhalb einer markanten Geländekante laufen wir jetzt in nordwestlicher Richtung. Voraus erkennen wir zwischen den Gipfeln des Tuca de la Mina (2707 m) und des Pico Salbaguardia (2738 m) bereits unser Ziel, die 2444 m hohe Scharte des Portillón de Benás. Wir passieren einen winzigen See, dann verläuft unser Weg zunächst ohne weitere Höhenunterschiede über eine Almwiese. Etwa 50 m hinter dem See gabelt sich der Pfad. Wir können nun wahlweise rechts oder links gehen, die Wege führen auf der gegenüberliegenden Seite der Alm wieder zusammen (1.20 Std.). Nun geht es durch felsiges Gelände steil bergauf. Unterwegs passieren wir mehrere, teilweise mit Wasser gefüllte Bodendellen (Pingos).

An einer auffälligen Felsformation aus hellem Schiefergestein (1.40 Std.) scheint sich der Pfad zu verlieren. Wir halten uns über die schräg aus dem Gelände herausragenden Felsplatten hinweg und passieren eine erst jetzt sichtbar werdende Hausruine. Dahinter ist der Pfad wieder deutlich auszumachen. Eine grün markierte Abzweigung nach links unten, auf die wir etwa 30 m hinter der Ruine treffen, beachten

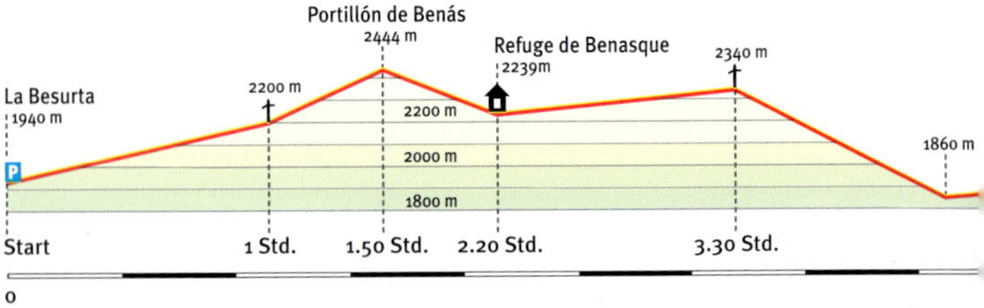

wir nicht. Statt dessen steigen wir im Bogen weiter bergauf. Der uns bereits bekannte Saumpfad ist nun wieder deutlich zu erkennen. An einer Abzweigung bleiben wir auf diesem, halten uns also rechts, wo ein gelber Punkt mit der Nr. 23 zu sehen ist. Kurz darauf stehen wir in der Scharte des **Portillón de Benás** (1.50 Std.), wo sich im Schatten hoher Felswände, die zu beiden Seiten aufragen, auch im Hochsommer noch Firnschneeflecken halten.

Etwa 200 m unter uns erblicken wir nun Richtung Norden die Karseen Boums du Port. In engen Serpentinen windet sich ein felsiger Pfad hinab. Die kristallklaren, inmitten eines kargen Talkessels eng beieinanderliegenden Wasserflächen rücken rasch näher. Oberhalb des ersten, größten Sees läßt die Steigung nach, der Weg hält sich in einiger Höhe östlich des Ufers. An einer Gabelung bleiben wir auf dem rechten, breiteren Pfad. Hier finden wir wenige Meter weiter wieder eine gelbe Markierung. Schließlich biegen wir dann nach links ab zum dritten der vier aufeinanderfolgenden Seen, an dessen Ufer sich das **Refuge de Benasque** (2.20 Std.) befindet.

Anschließend geht es auf demselben Weg steil bergauf zum Paß zurück (2.50 Std.). Für den weiteren Rückweg bietet sich nun eine Alternative zur Aufstiegsroute an. Von der Paßhöhe kommend, ist vor den darunter gelegenen Häuserruinen ein deutlicher Pfad zu erkennen, der links am oberen Rand der Alm, also am Fuß des nördlich davon aufragenden Steilabhangs, verläuft. Diesen schlagen wir ein. Der Weg hält auf einen weiteren Paß zu, den Puerto de la Picada. Auch auf dieser Route passieren wir wieder einige eiszeitliche Pingos. Anschließend queren wir mehrere Hangschuttfächer, die durch Frostverwitterung und anschließendes Abrutschen der gelockerten Felsbrocken am Fuß der Steilwand zur Linken gebildet wurden. Kleine Steinpyramiden weisen immer wieder unmißverständlich den Weg.

Nachdem es zunächst ohne größere Höhenunterschiede abwechselnd bergauf und bergab gegangen ist, steigt die Route im späteren Verlauf wieder etwas an. In diesem Bereich gelangen wir an eine **Gabelung** (3.30 Std.), wo es links weiter aufwärts zum Puerto de la Picada geht, während wir nun auf einem schmaleren Pfad nach rechts absteigen, wo wir nach ca. 50 m wiederum auf einen breiteren, von der Paßhöhe kommenden Weg stoßen. Auf diesem gehen wir rechts abwärts. Wir passieren einen kleinen See und treffen dort wieder auf einen der Holzpflöcke, die den uns bereits bekannten Reitweg markieren.

Der nun wieder deutlich als ehemaliger Saumpfad zu erkennende Weg schraubt sich in Serpentinen abwärts, verliert sich dann noch einmal ein wenig in der Almwiese: hier geht es geradeaus weiter bis zu einer Steinpyramide, wo man im Bogen links geht und den Weg wieder deutlich erkennt. Nach einer weiteren Biegung und einer längeren geraden Passage treffen wir erneut auf einen Holzpfosten (Reitweg-Markie-

Portillón de Benás

rung). Hier mündet von rechts der Weg, den wir für den Aufstieg zum Paß benutzt hatten. Links gelangen wir auf der uns bereits bekannten Route zurück zum Parkplatz von **La Besurta** (4 Std.).

Das Liliental

Ins Vallée du Lys

Das Ziel dieser Wanderung, die wilde Klamm Ru d'Enfer, gehört zu den landschaftlichen Höhepunkten der Pyrenäen. Der Weg führt neben dem imposanten Wasserfall Cascade d'Enfer in Serpentinen aufwärts.

DIE WANDERUNG IN KÜRZE

++ Anspruch

4.30 Std. Gehzeit

550 m An-/Abstieg

Charakter: auf dem Hinweg steil bergauf und über ein breites gerölliges Bachbett, auf dem Rückweg sanfter Abstieg; Trittsicherheit erforderlich

Wanderkarte: Carte de Randonnées 1:50 000, Pyrénées, carte n° 5: Luchon

Einkehrmöglichkeit: Snack-Bar (Auberge) am Ausgangs- bzw. Endpunkt

Anfahrt: mit dem **Zug** von Toulouse nach Bagnères-de-Luchon, weiter mit dem Taxi ins 10 km entfernte Vallée du Lys; mit dem **Auto** auf der N 117 von Toulouse über St-Gaudens bzw. von Tarbes bis Montréjeau, weiter auf der N 125 und später auf der D 125 nach Bagnères-de-Luchon, von dort weiter Richtung Superbagnères, ca. 4 km hinter der Abzweigung zum Hospice de France an einer Gabelung links ins Vallée du Lys bis zum Ende der Straße (Parkplatz)

Wir beginnen die Wanderung am Ende der Straße ins **Vallée du Lys,** hinter der Auberge (Snack-Bar). Vom Parkplatz aus folgen wir dem Schild ›Gouffre et Ru d'Enfer‹ einen geteerten Weg bergauf, genau auf einen hohen Wasserfall zu. Schon bald erreichen wir links eine Abzweigung zum 1941 erbauten Elektrizitätswerk von Portillon, das zur damaligen Zeit großes Aufsehen erregte, denn die Antriebsenergie für das Kraftwerk wird durch Wasser gewonnen, das aus einer Höhe von 1419 m in die Tiefe stürzt.

Wenige Meter darauf weist rechts ein Schild Richtung ›Gouffre d'Enfer, Ru d'Enfer‹. Wir gehen aber zunächst noch geradeaus weiter, an einer Orientierungstafel und der Talstation eines Lastenaufzugs vorbei. Der Weg führt bis an die **Cascade d'Enfer** heran (15 Min.), die in mehreren Stufen eine enge Klamm hinunterstürzt.

Wir gehen zur Abzweigung zurück und biegen dort links in den schmalen Pfad ein, der sich in Serpentinen durch Haselnußgebüsch bergauf windet. Stellenweise ist es möglich, die Kurven durch steile Pfade abzukürzen. Bald löst hoher Buchenwald das Gebüsch ab. Rechts ragen Felswände auf, und es geht schräg zum

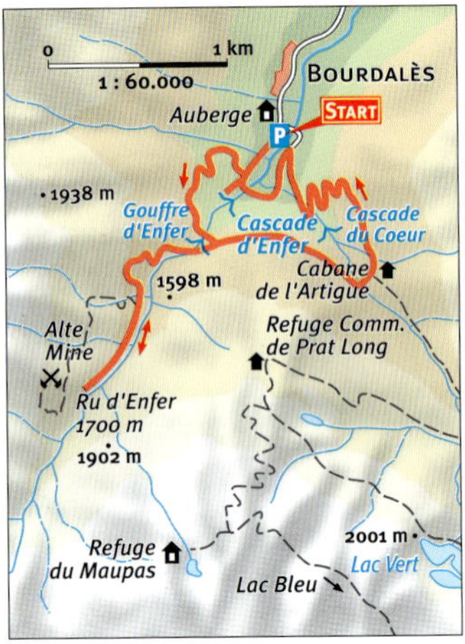

Hang und mehr oder weniger steil weiter aufwärts.

Nachdem zwei Bäche überschritten sind, werden die Windungen des Pfades enger, der Grund steiniger. Wir folgen der Beschilderung Nr. 43, die uns an einer Gabelung nach rechts weist, während links der Weg Nr. 42 (›Chemin de l'Houradade Artigue‹) abzweigt. Wenig später kommen wir an eine weitere Gabelung. Hier lohnt sich ein kurzer Abstecher nach rechts zum **Gouffre d'Enfer,** den wir nach insgesamt 1 Std. erreichen. Von mehreren Aussichtsterrassen kann man den imposanten Wasserfall betrachten, der aus 50 m Höhe in einen engen Schlund stürzt. Steile Felswände umgeben den Kessel, in dem das Wasser verschwindet. Ganz oben überspannt eine Steinbrücke den Wasserfall.

Zurück an der Weggabelung gehen wir rechts hinauf, der Beschilderung ›Ru d'Enfer‹ folgend, und überschreiten die Steinbrücke. Wieder geht es nun in steilen Serpentinen aufwärts. Nach Überqueren eines kleinen Rinnsals ergibt sich ein schöner Blick auf das Tal hinunter. Kurz darauf gabelt sich der Weg. Rechts geht es hier zu den Crabioules-Minen, wir aber gehen links Richtung ›Ru d'Enfer‹ weiter. Zur Linken liegt nicht mehr weit unter uns ein breites, steiniges Bachbett, an das der Weg nun heranführt. Um zur Schlucht **Ru d'Enfer** zu gelangen, müssen wir noch ein wenig über das grobe, glattgeschliffene Geröll des Baches klettern und stehen schließlich am Eingang der schmalen, eindrucksvollen Klamm, in die man nur wenige Meter hineinklettern kann (2.15 Std.).

Für den Rückweg benutzen wir zunächst den uns schon bekannten Pfad. Wir passieren den **Gouffre d'Enfer** (3.15 Std.) und erreichen kurz darauf die Abzweigung des ›Chemin de l'Houradade Artigue‹ (Nr. 42). Hier biegen wir nach rechts ab und steigen auf dem schmalen, steinigen Pfad zunächst wieder ein Stück bergauf. Danach verläuft der Weg parallel zum Hang, quert einen Lastenaufzug, eine Wasserleitung und kurz darauf ein Bachbett.

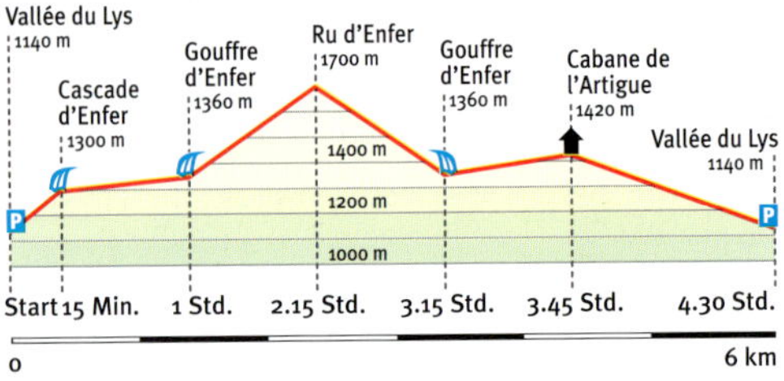

Dann ist voraus das Rauschen eines Wasserfalls zu vernehmen. Links des Weges kann man den Bach in einer tiefen Schlucht mehr erahnen als sehen. Kurz darauf überschreiten wir die Schlucht auf einer schmalen Drahtbrücke und stehen dann recht unvermittelt auf einer Almwiese. Vorne rechts steht die niedrige, in eine Felsnische geduckte Schutzhütte **Cabane de l'Artigue** (3.45 Std.).

Geradeaus geht es weiter bis zu einer Gabelung, an der rechts die Wege Nr. 40 und 41 zum Lac Vert und Lac Bleu abzweigen. Wir gehen links bergab, queren einen Bach und stehen gleich darauf an einer weiteren Gabelung. Dort bleiben wir rechts oben auf dem beinahe hangparallelen Weg, der zunächst bequem und sanft durch eine Waldweide abwärts führt. Weithin hört man die Glocken der weidenden Pferde. Bald geht es steiler und in Serpentinen bergab. Hinter einer Linkskurve zweigen mehrere Pfade rechts ab (4 Std.), die wir nicht beachten. Wir gehen geradeaus auf einen rauschenden Wasserfall zu, den wir nach weiteren 50 m betrachten können. Es ist die **Cascade du Cœur** (4.15 Std.).

Bald treten wir aus dem Wald heraus auf eine blühende Bergwiese. Ein breiter Pfad führt weiter bergab. Wir queren einen geteerten Weg, überschreiten den Bach auf einer kleinen Drahtbrücke und halten auf den Parkplatz im **Vallée du Lys** zu, den wir nach 4.30 Std. wieder erreichen.

Ru d'Enfer

Tour 24

Ein leuchtend blauer See

Von Granges d'Astau zum Lac d'Oô

Diese Wanderung führt zu einem der eindrucksvollsten Seen der französischen Pyrenäen, dem Lac d'Oô. Vom Weiler Granges d'Astau geht es durch Wiesen und Wälder bergauf.

DIE WANDERUNG IN KÜRZE

++ Anspruch

3 Std. Gehzeit

350 m An-/Abstieg

Charakter: gut ausgebauter Wanderweg, steigt zunächst sanft, dann immer steiler bergauf

Wanderkarte: Carte de Randonnées 1:50 000, Pyrénées, carte n° 5: Luchon

Einkehrmöglichkeiten: Hütten in Granges d'Astau und am Lac d'Oô

Anfahrt: mit öffentlichen Verkehrsmitteln ist der Ausgangspunkt nicht zu erreichen; mit dem **Auto** auf der N 117 von Toulouse über St-Gaudens bzw. von Tarbes bis Montréjeau, weiter auf der N 125 und später auf der D 125 nach Bagnères-de-Luchon, von hier auf der D 618 Richtung Col de Peyresourde bis Castillon, dort auf der D 76 links Richtung Oô abzweigen, dann bis zum Ende der Straße am Weiler Granges d'Astau (Parkplatz)

Wir beginnen die Wanderung auf dem Parkplatz an dem kleinen Weiler **Granges d'Astau.** Am oberen Ende führt ein breiter, rot-weiß markierter Schotterweg weiter talaufwärts. Er ist für Fahrzeuge gesperrt. Zunächst wandern wir über eine Bergwiese und treten bald darauf in den Wald ein. Es geht stetig, aber gut begehbar aufwärts.

Dann wird der Weg etwas steiler und verläuft in Serpentinen. Er ist mit groben Steinen bedeckt und zum Teil recht naß, da von oben viele kleine Rinnsale herunterfließen. In einer Linkskurve zweigt rechts ein schmaler Pfad ab, den wir nicht beachten. Wenige Minuten später gehen wir unter einer Lastenseilbahn hindurch. Der Weg wird von hier an et-

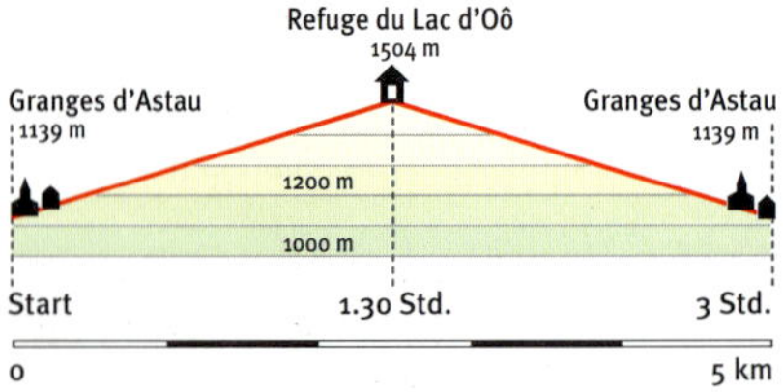

was schmaler, bleibt aber weiter bequem. Hinter einer weiteren Kurve treffen wir auf die Bergstation der Seilbahn.

Es geht wieder ein Stück bergab, dann nochmals bergauf. Eine schmale Abzweigung rechts hinunter lassen wir unbeachtet. Wiederum geht es etwas bergab, dann öffnet sich vor uns langsam der Talkessel des Lac d'Oô mit seinen steilen Wänden. Der Bach verläuft zur Rechten und schlängelt sich durch ein breites Bett. Gleich darauf kann man rechts auf einer Brücke den Bach überschreiten, und ein Schild weist zum See. Doch geradeaus, der rot-weißen Markierung folgend, führt ein steiniger Pfad an der linken Seite der Staumauer direkt zum **Lac d'Oô** (1.15 Std.).

Im Hintergrund stürzt der 275 m hohe Wasserfall herab, gespeist durch den Abfluß des höhergelegenen Lac d'Espingo. An der anderen Seite der Staumauer liegt das Refuge du Lac d'Oô. Von den zahlreichen Seen, die sich in der Karregion um Luchon gebildet haben, ist der Lac d'Oô mit einer Fläche von 40 ha und fast 70 m Tiefe der berühmteste. Sein Wasser wird seit 1920 zum Antrieb der Turbinen eines Speicherkraftwerks genutzt, das sich im nahe gelegenen Kurort Bagnères-de-Luchon befindet; ein Rohrleitungssystem transportiert das Wasser dorthin. In den Sommermonaten kommt es häufig vor, daß das Bachbett unterhalb des Sees trockenfällt, da sämtliches Wasser abgeleitet wird. Nur im Winter und nach stärkeren Regenfällen läuft der See heute noch über.

Wir können am See noch ein Stück entlanggehen, an einem Elektrizitätshäuschen vorbei. Hier befinden wir uns etwa 20 m über dem

See. Man hört den Wasserfall jetzt tosen und erkennt, daß er sich aus zwei Stufen zusammensetzt. Von allen Seiten des Talkessels stürzen weitere schmale Wasserfälle in den See.

Der Weg wird dann steiler und entfernt sich vom See. Wir kehren hier um und machen auf dem Rückweg einen Abstecher über die Brükke zum **Refuge du Lac d'Oô** (1.30 Std.). Hier ist auch der direkte Zugang zum See möglich, und auf der Wiese an der bewirtschafteten Hütte gibt es zahlreiche Liegemöglichkeiten.

Wir kehren auf dem gleichen Weg zum Parkplatz am Weiler **Granges d'Astau** zurück (3 Std.).

Am Rande des Gletschers

Vom Valle de Pineta zum Circo de Lalarrí

Vom Valle de Pineta geht es durch Bergwälder und über die Llanos de Lalarrí, eine Almweide, zum Talschluß Circo de Lalarrí. Zahlreiche Wasserfälle und der Blick zum Gletscher des Monte Perdido machen den Reiz dieser Route aus.

DIE WANDERUNG IN KÜRZE

++ Anspruch

4.30 Std. Gehzeit

300 m An-/Abstieg

Charakter: mäßig steiler An- und Abstieg auf gut ausgebauten Wegen

Wanderkarten: Parque Nacional de Ordesa y Monte Perdido, Mapa Esquemático, 1:75 000, Camping Peña Montañesa; oder Carte de Randonnées 1:50 000, Pyrénées, carte n° 4: Bigorre; oder Mapa Topográfico Excursionista, Ordesa – Vignemale – Monte Perdido, 1:40 000, Editorial Alpina, Barcelona

Einkehrmöglichkeiten: am Parador Nacional

Anfahrt: mit dem **Bus** von Ainsa nach Bielsa (nur Mo, Mi, Fr), weiter per Taxi zum Parador Nacional im Valle de Pineta (12 km); mit dem **Auto** von Ainsa auf der A 138 oder, von Frankreich kommend, durch den Túnel de Bielsa nach Bielsa, dort in westlicher Richtung in das Valle de Pineta abzweigen, dann bis zum Straßenende am Parador Nacional (Parkmöglichkeit)

Die Wanderung beginnt am **Parador Nacional** im **Valle de Pineta.** Vor dem Gebäude verläuft ein Pfad steil zum Río Cinca hinunter. Über eine schmale Holzbrücke gelangen wir an das andere Ufer. Dann wenden wir uns nach rechts und gehen am Fluß entlang auf einem bequemen Weg talaufwärts. In einer Flußbiegung vor einem Wasserfall verläßt der Weg das Ufer und führt geradeaus weiter. Die Stelle ist durch eine kleine Steinpyramide markiert. Zunächst durch schattigen Buchenwald, dann über eine freiere Fläche geht es genau auf die Wasserfläche im Hintergrund des Talkessels zu. Im Wald wird der Pfad schmaler, steiler und recht steinig.

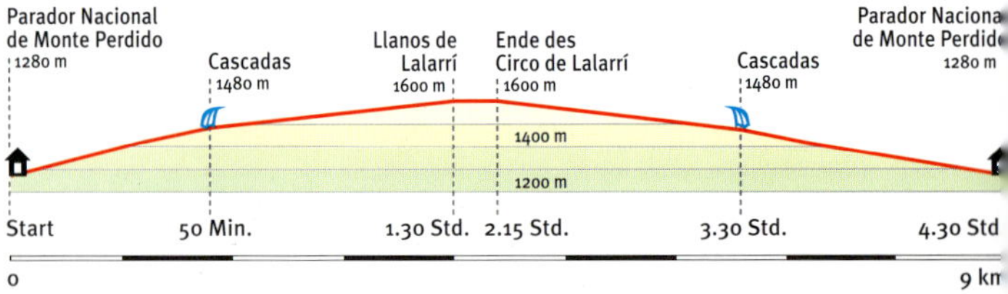

Dann stoßen wir auf einen breiten Fahrweg und gehen rechts. Der Weg führt zu den imposanten mehrfach gestuften **Cascadas** (Wasserfall), die sich tief in rötliches Kalkgestein eingeschnitten haben (50 Min). Kurz vor dem Wasserfall weist rechts ein Schild mit der Aufschrift ›Camino de las Cascadas‹ zu einer kleinen Aussichtsterrasse hinunter. Nach diesem Abstecher überqueren wir den Wasserfall auf einer breiten Brücke. Hier lohnt ein Blick zurück. Hoch oben am Talrand ist der Gletscher des Monte Perdido zu erkennen.

Ein rot-weiß markierter, steiler Pfad quert den breiten Fahrweg. Wir wählen den bequemeren Weg und halten uns geradeaus. In Serpentinen führt die Piste durch eine Farnwiese steiler bergauf. Zur Linken erblicken wir wiederum den Gletscher. Zwei hohe Wasserfälle entspringen ihm, die sich auf halber Höhe vereinigen und gemeinsam 100 m weit in die Tiefe stürzen. Der Weg verläuft nun sanfter und mündet in die Almwiese **Llanos de Lalarrí** (1.30 Std.). Ein Schild zeigt nach links zum ›Camino del Montaspro‹. Um zum Ende des Talkessels zu gelangen, müssen wir jedoch der rot-weißen Markierung geradeaus folgen.

Der Weg führt an einem einzelnen Felsblock vorbei. Ein Metallkreuz ist auf seiner Spitze befestigt, und eine Tafel erinnert an jene baskische Bergsteigerin, die 1980 in diesem Gebiet tödlich verunglückte. Nachdem ein trockenes Bachbett überquert ist, gabelt sich der Weg. Wir gehen links auf den großen Wasserfall am Ende des **Circo de Lalarrí** zu (2.15 Std.). Hier läßt es sich in grandioser Umgebung verweilen.

Für den Rückweg wählen wir zunächst den uns schon bekannten Weg. Wir passieren die **Cascadas**

(3.30 Std.) und bald darauf auch die Abzweigung, an der wir auf dem Hinweg auf die breite Piste getroffen waren. Wir durchschreiten ein trockenes Bachbett, dann geht es auf dem Fahrweg durch schattigen Buchenwald fast unmerklich bergab. Eine beschilderte Abzweigung nach rechts lassen wir unbeachtet. Kurz darauf überqueren wir auf einer Brücke einen donnernden Wasserfall. Dies ist der Abfluß des Gletschers vom Monte Perdido.

Durch lichtes Gebüsch geht es hinab ins Tal. Eine weitere Abzweigung, die rechts hinauf zum ›Camino de la Cueva‹ führt, lassen wir ebenfalls unbeachtet. Kurz darauf passieren wir eine Kette (4.15 Std.). Dies ist die Grenze des Nationalparks. Quer durch das Campinggelände geht es auf die Informationshütte der Nationalparkverwaltung zu und über eine breite Brücke zum anderen Flußufer. Dort treffen wir auf die Straße und wenden uns links hinauf. Zur Rechten passieren wir zunächst die Einsiedelei Nuestra Señora de Pineta und erreichen kurz darauf den **Parador Nacional** (4.30 Std.).

Tour 26

Die tiefe Schlucht des Río Vellos

In den Cañón de Añisclo

Zu den eindrucksvollsten Naturwundern der spanischen Pyrenäen gehört der Cañón de Añisclo. An zahlreichen Wasserfällen vorbei geht es bis zu den Wiesen von Ripareta, die inmitten eines herrlichen Gebirgspanoramas liegen.

DIE WANDERUNG IN KÜRZE

++ Anspruch

6.30 Std. Gehzeit

550 m An-/Abstieg

Charakter: zunächst breiter bequemer Weg, dann schmaler mit Steigungen; Trittsicherheit erforderlich

Wanderkarten: Parque Nacional de Ordesa y Monte Perdido, Mapa Esquemático, 1:75 000, Camping Peña Montañesa; oder Mapa Topográfico Excursionista, Ordesa – Vignemale – Monte Perdido, 1:40 000, Editorial Alpina, Barcelona

Einkehrmöglichkeiten: keine

Anfahrt: mit dem **Bus** von Ainsa Richtung Bielsa (nur Mo, Mi, Fr) bis Escalona , von dort per Taxi zum 13 km entfernten Cañón de Añísclo; mit dem **Auto** auf der A 138 von Ainsa bzw. Bielsa nach Escalona, weiter auf der HU 631 in westlicher Richtung bis zum Cañón de Añísclo (Parkplatz)

Vom Parkplatz am **Cañón de Añisclo** gehen wir auf der Straße ein Stück zurück, bis ein breiter Fußweg links abzweigt. Schilder weisen auf den Nationalpark hin. Es geht zunächst etwas bergab. Nach 100 m überqueren wir den Cañón auf einer neuen Betonbrücke. Direkt daneben steht noch die alte romanische Steinbrükke (Puente de San Urbano), die für die Fahrzeuge der Nationalparkverwaltung zu schmal geworden war. Von der Brücke aus schaut man gut 50 m in die tiefe, enge Schlucht des Río Vellos hinab.

Beim Weitergehen sehen wir links oben am Berg die Kapelle des kleinen Ortes Sercué liegen und erreichen kurz darauf die **Ermita de San Urbano** (20 Min.). Die Felsenkapelle

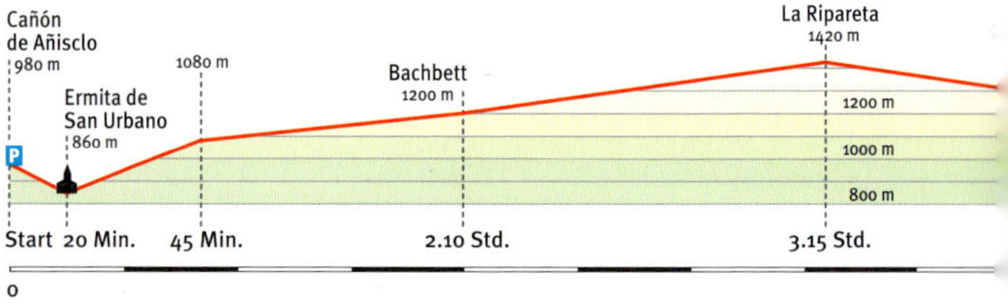

erinnert so gar nicht an ein Gotteshaus: Sie besteht aus einer langen Mauer, die eine Felsnische verkleidet, in der ein kleiner Altar aufgestellt wurde. San Urbano ist alljährlich im Frühjahr Ziel einer Romería, einer Pilgerfahrt, zu der die Bewohner der umliegenden Orte aufbrechen.

Weiter geht es auf dem sehr bequemen, breiten und ebenen Wanderweg. Er führt zunächst bergab zur Talsohle. Hier erweitert sich die Schlucht etwas und geht in ein Waldstück über. Dort lebt die Gebirgsstelze, die sich von unserer Bachstelze durch die zitronengelbe Färbung des Unterbauches unterscheidet. Sie lebt ganzjährig im Gebirge und baut ihr Nest in Uferhöhlungen.

Wir kommen an einem schönen, breiten Wasserfall vorbei und queren dann den Fluß auf einer **Betonbrücke** (45 Min.). Dahinter wird der Weg schmaler und steiler. Im Bogen geht es bergauf. Eine enge Seitenschlucht überschreiten wir auf einer kleinen Brücke und vernehmen wenig später ein lautes Tosen von rechts unten. Zwischen den Bäumen ist eine breite Kaskade zu erblicken, die wie ein Vorhang in ein türkisgrünes Wasserbecken fällt.

Das Tal erweitert sich, und eine Flußschlinge umfließt einen Felsvorsprung. Kurz darauf sprudelt zur Linken eine kleine Quelle aus dem Stein. Wir queren das fast ausge-

Ermita de San Urbano

trocknete Bett eines kleinen Wasserfalls (1.30 Std.). Der Weg ist hier mit Eisendrähten gesichert. Tief unten liegt nun der Fluß.

Eine schmale Abzweigung nach rechts lassen wir unbeachtet. Von links mündet hier ein enges Tal; rechts versperrt ein riesiger Felsblock die Schlucht. Unser Weg verläuft zwischen großen Gesteinsbrocken und über einige Stufen in Serpentinen bergan. Hoch über dem Fluß wird die Steigung wieder sanfter. Wir durchschreiten ein weiteres trockenes **Bachbett,** in dem große Felsbrocken liegen (2.10 Std.). Kurz darauf ragt vor uns eine steile Felswand auf, und der Weg führt im Bo-

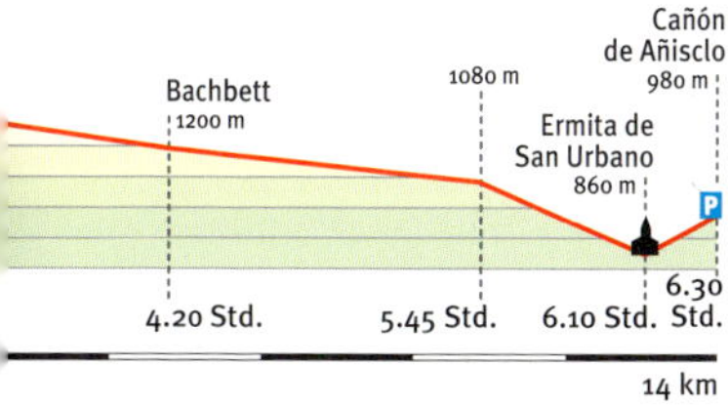

gen zur Linken daran entlang aufwärts.

Kräftezehrend schraubt sich der Pfad den Hang hinauf. Noch zweimal überquert er das trockene Bachbett, dann stehen wir auf einer kleinen Bergwiese, auf der es nun sanft bergab geht. In einem Kieferngebüsch bietet sich von der nahen Felskante ein atemberaubender Ausblick nach rechts auf einen Wasserfall, der von der gegenüberliegenden Wand gut 100 m ins Flußbett hinabstürzt. Durch dichten Wald wandern wir weiter an der Felskante entlang auf dem nun schmaleren Pfad, der aber nirgends gefährlich wird.

Voraus kommt jetzt der Monte Perdido mit seinen Firnschneefeldern in Sicht. Bald sind wir wieder unten am Fluß, queren ein beinahe ausgetrocknetes Bachbett und vernehmen nun das starke Rauschen eines Wasserfalls, der aber noch nicht zu sehen ist. Kurz darauf ist das Ziel der Wanderung erreicht. Der Weg tritt aus dem Wald heraus auf die Wiese von **Ripareta** (3.15 Std.), die direkt am Fluß zum Rasten einlädt. Oberhalb des Wasserfalls fließt der Fluß hier träge in einem breiten, flachen Bett dahin. Das weite Tal von Pardina trifft an dieser Stelle auf das Haupttal des Río Vellos.

Wir kehren auf dem gleichen Weg zum Parkplatz am **Cañón de Añisclo** zurück (6.30 Std.).

Der Cañón de Añisclo

Dem Prozeß der Verkarstung verdankt der Cañón de Añisclo seine Entstehung. Während der letzten Eiszeit reichte der Añisclo-Gletscher bis über den Ort Broto hinaus und schuf ein sanftes, trogförmiges Tal. Reste davon sind oberhalb des heutigen Cañóns noch erhalten. Dort, wo heute der Río Vellos in einer bis zu 1000 m tiefen Schlucht fließt, befindet sich eine Schwächezone im Gebirgsmassiv. An dieser Linie konnten nach Abschmelzen des Gletschers Verkarstungsvorgänge das Gestein besonders leicht lösen, und es entstanden Karstschlote entlang der schon vorhandenen Klüfte. Das Wasser sickerte Hunderte von Metern tief bis zum Grundwasserspiegel, dem sogenannten Karstwasserkörper. Nach der Schneeschmelze jedoch war regelmäßig das Wasserangebot so groß, daß nur Teile davon versickern konnten und der Rest oberirdisch abfloß. Unter Ausnutzung der Klüfte und Schlote schnitt sich der Fluß alljährlich etwas tiefer ins Gestein und konnte so innerhalb von einigen tausend Jahren den heutigen, tiefen Cañón de Añisclo schaffen, in dem der Río Vellos auf nur wenigen Kilometern mehr als 2000 m Gefälle überwindet.

Río Vellos im Cañón de Añisclo

Im Land der Wasserfälle

Durch das Valle de Ordesa zum Circo de Soaso

Dieser Wanderweg führt ins Kerngebiet des Ordesa-Nationalparks, zum imposanten Talschluß Circo de Soaso. Bemerkenswert sind sowohl die üppige Vegetation als auch die bizarren Felsformationen und zahlreichen Wasserfälle.

DIE WANDERUNG IN KÜRZE

++ Anspruch

6.30 Std. Gehzeit

450 m An-/Abstieg

Charakter: zunächst auf bequemem Weg sanft bergan, dann etwas steilerer Anstieg und weiter auf einem schmaleren Weg quer über eine Almwiese

Wanderkarten: Parque Nacional de Ordesa y Monte Perdido, Mapa Esquemático, 1:75 000, Camping Peña Montañesa; oder Carte de Randonnées 1:50 000, Pyrénées, carte n°4: Bigorre; oder Mapa Topográfico Excursionista, Ordesa – Vignemale – Monte Perdido, 1:40 000, Editorial Alpina, Barcelona

Einkehrmöglichkeit: Restaurant am Parkplatz (Nationalparkeingang)

Anfahrt: mit dem **Bus** von Ainsa oder Sabiñánigo nach Torla, weiter per Pendelbus (verkehrt nur Juli/Aug.) oder Taxi zum 8 km entfernten Eingang des Nationalparks; mit dem **Auto** auf der N 260 von Biescas bzw. Ainsa nach Torla: im Juli/Aug. ist für Privatfahrzeuge die Weiterfahrt ins Valle de Ordesa untersagt, ein Pendelbus verkehrt in dieser Zeit regelmäßig vom Parkplatz am Ortsrand von Torla zum Eingang des Nationalparks

Vom Eingang des Ordesa-Nationalparks im **Valle de Ordesa** führt ein breiter Weg auf der linken Seite des Flußbetts durch hohen Wald talaufwärts. Schon bald gabelt sich der Weg, und wir gehen rechts weiter, dem Schild ›Circo de Soaso‹ folgend. Auf einer Brücke queren wir

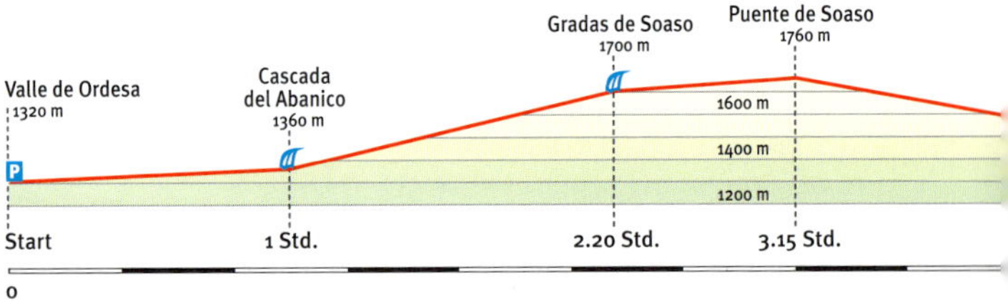

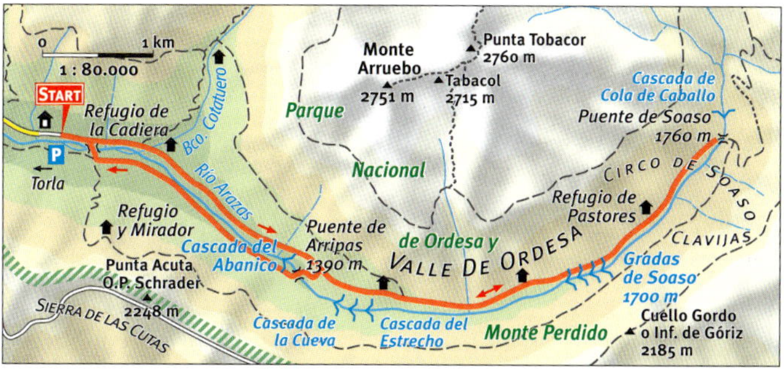

den Bach, der vom Cotatuero-Talschluß hinunterstürzt (20 Min.). Wenige Minuten später führt rechts eine Brücke über den Fluß, die wir uns für den Rückweg merken. Zunächst geht es geradeaus weiter.

Bald verläuft der Weg hoch über dem Fluß in dichtem Wald. Links zweigt ein Pfad ab, der jedoch lediglich eine weite Kurve des breiten Weges abschneidet. Die Piste führt jetzt in Serpentinen bergauf. Wir überschreiten einen Bach, der in mehreren Stufen zu Tal fällt, und erreichen bald darauf eine Aussichtsterrasse (1 Std.), von der aus sich ein lohnender Blick auf den breiten Wasserfall **Cascada del Abanico** (›Fächer-Kaskade‹) bietet. Weiter geht es auf der kurvenreichen Piste bergauf. Eine steile Abzweigung links kürzt wiederum eine Wegkurve ab. An der nächsten Gabelung gehen wir links, dem Schild Richtung ›Gradas‹ folgend.

Dann zweigt rechts vor einer Mauer ein Weg steil nach unten ab (1.20 Std.); wir lassen ihn unbeachtet. Wenige Meter weiter weist ein Schild nach rechts unten zum ›Mirador‹. Wir können hier einen kleinen Abstecher zu einer Aussichtsterrasse machen, von der aus wiederum eine Kaskade zu sehen ist. Am Ende der Mauer biegt schließlich ein weiterer Pfad zu einem Aussichtspunkt direkt oberhalb des Wasserfalls ab. Danach geht es erneut in Serpentinen bergauf. Wir passieren eine kleine Schutzhütte und können 50 m weiter eine langgezogene Rechtskurve durch einen steilen Pfad abkürzen. An einer Gabelung zeigt ein Wegweiser mit der Aufschrift ›Cotatuero‹ nach links. Wir aber gehen geradeaus weiter, der Beschilderung ›A la Pradera‹ folgend.

Der Weg führt nun leicht bergab und verläuft danach fast eben durch lichte Landschaft, direkt am Bach

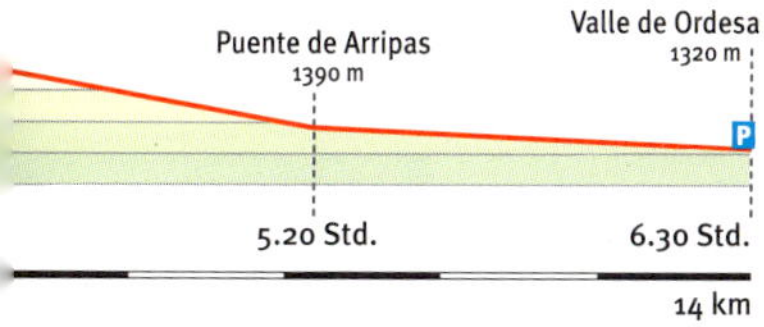

entlang. Voraus öffnet sich das Tal des Río Arazas. Wir passieren eine zweite Schutzhütte. Hier befindet sich ein Rastplatz. Dahinter wird der Pfad schmaler, steiniger und steiler. Wir kommen an einem Schild mit der Aufschrift ›Cola-Caballo‹ vorbei. Kurz darauf sind die **Gradas de Soaso** erreicht (2.20 Std.), ein kaskadenartiger Wasserfall. Hier stürzt der Fluß

Gradas de Soaso

nacheinander viele breite Stufen hinunter.

Voraus kommt jetzt schon der Talschluß Circo de Soaso in Sicht. An den oberen Hängen ›kleben‹ das ganze Jahr über kleine Firnschneefelder. Wir überschreiten auf einer Brücke einen Seitenbach. 50 m weiter überqueren wir einen weiteren Bach, der als kleiner Wasserfall vom Hang herunterstürzt. Beide Gewässer entspringen Karstquellen, wie man von unten deutlich erkennen kann. Kurz darauf durchschreiten wir ein ausgetrocknetes Bachbett und kommen anschließend an der steinernen Schutzhütte Refugio de Pastores vorbei.

Wir halten jetzt auf den Talschluß zu. Im hinteren Teil treffen wir auf eine riesige Felsklippe, an der wir rechts vorbeigehen. Dann erreichen wir eine Holzbrücke, die **Puente de Soaso** (3.15 Std.), die über das hier fast völlig ausgetrocknete Flußbett führt. Damit ist das Ziel der Wanderung erreicht. Wir können noch bis zu dem fächerförmig nach unten verbreiterten Wasserfall, der Cascada de Cola de Caballo (›Pferdeschwanz-Wasserfall‹), klettern.

Anschließend gehen wir zunächst auf dem uns schon bekannten Weg zurück, bis wir links zu einer breiten Abzweigung Richtung ›Cascadas‹ gelangen. Sie führt uns bergab zu einer Holzbrücke, der **Puente de Arripas** (5.20 Std.). Durch schattigen Wald geht es nun auf der anderen Seite des Río Arazas sanft talabwärts. Zur Rechten liegt der Aussichtspunkt ›Mirador del paso de los bucandos‹ auf einer Felsnase. Von dort aus kann man nochmals die Cascada del Abanico betrachten.

Auf einer breiten Holzbrücke überqueren wir den Fluß. Dahinter treffen wir wieder auf die vom Hinweg bekannte Piste und folgen ihr bis zum **Nationalparkeingang** (6.30 Std.)

Tour 28

Im gigantischen Zirkus

Von Gavarnie zur Grande Cascade im Cirque de Gavarnie

Unbestrittener landschaftlicher Höhepunkt der französischen Pyrenäen ist der Cirque de Gavarnie, ein riesiger Talzirkus mit fast 2 km Durchmesser, von 1500 m hohen, beinahe senkrechten Wänden umgeben.

DIE WANDERUNG IN KÜRZE

++ Anspruch

4.30 Std. Gehzeit

400 m An-/Abstieg

Charakter: auf dem Hinweg gut ausgebauter Weg, zurück ein hoch am Hang entlangführender Pfad, der Schwindelfreiheit und Trittsicherheit erfordert

Wanderkarte: Carte de Randonnées 1:50 000, Pyrénées, carte n° 4: Bigorre

Einkehrmöglichkeit: Hôtel du Cirque

Anfahrt: mit dem **Bus** der nationalen Eisenbahngesellschaft (S.N.C.F.) von Lourdes oder Cauterets (umsteigen in Pierrefitte) nach Luz-St-Sauveur, dort umsteigen nach Gavarnie; mit dem **Auto** auf der N 21 von Lourdes über Argelès-Gazost nach Pierrefitte, weiter auf der D 921 über Luz-St-Sauveur nach Gavarnie (Parkplatz im Zentrum: Parking Municipal)

Autofahrer beginnen die Wanderung am Gemeindeplatz (Parking Municipal) im Zentrum des Ortes **Gavarnie** und gehen die Straße weiter bergauf durch das Dorf, vorbei am Fremdenverkehrsbüro (Syndicat d'Initiatives), in dem zugleich eine Informationsstelle der Nationalparkverwaltung untergebracht ist. Dahinter gabelt sich die Straße, und links weist ein Schild den Weg zum Cirque de Gavarnie. Wenig später passieren wir die Endstation der Buslinie. Hier gibt es für Autofahrer weitere Parkmöglichkeiten. Zu beiden Seiten säumen Pferde- und Maultierverleiher sowie Andenkenläden die Straße, dann wird es allmählich ruhiger.

Eine Brücke führt über den Fluß. Hier liegt auch der Campingplatz des

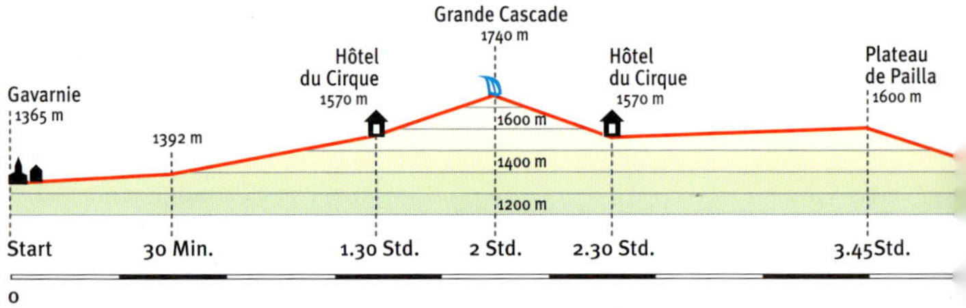

Ortes. Wir folgen der Straße zum anderen Flußufer und dann nach rechts. 100 m weiter, hinter einem Café, endet die Asphaltstraße. Hier befindet sich noch ein letzter kleiner Parkplatz. Der weitere Fahrweg ist holprig und nur für Anlieger befahrbar. Wir folgen der breiten Piste talaufwärts.

Bald öffnet sich voraus das Panorama des **Cirque de Gavarnie** (30 Min.). Kurz hintereinander überschreiten wir zwei kleine Brücken und passieren 100 m weiter eine Bar. Dort führt rechts eine schöne Steinbrücke über den Fluß. Wir halten uns jedoch geradeaus. Ein Schild weist jetzt auf den Beginn des Nationalparks hin. Wir müssen eine Felsstufe im Tal erklimmen, in die sich der Fluß tief eingeschnitten hat. Oben genießen wir den schönen Blick auf den nun schon etwas näher rückenden Cirque de Gavarnie.

Weiter geht es durch ein schattiges Wäldchen und anschließend durch einen flachen Talgrund. Geradeaus halten wir auf ein kleines Waldstück zu. Dort steht eine Informationstafel der Nationalparkverwaltung. Dahinter ist ein Arm des verwilderten Flußbettes zu queren. Bald versperrt eine bewaldete Moräne das Tal, und der Anstieg wird steiler. Vor uns erhebt sich eine Felsbarriere. An dieser Stelle hat sich der Fluß wiederum tief in den Fels eingeschnitten. Links kommt schon das

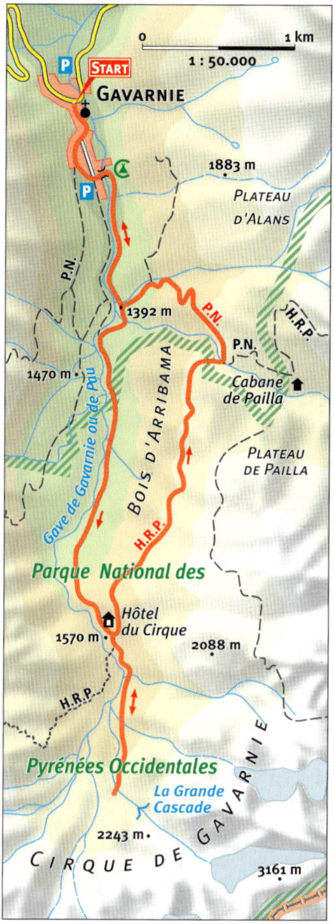

Hôtel du Cirque in Sicht, das wir wenig später erreichen (1.30 Std.). Hier befindet sich auch die Endstation der Maultierkarawane.

Direkt voraus, im hinteren Teil des Cirque de Gavarnie, stürzt die Grande Cascade von einer steilen Felswand hinunter. Vom Hôtel aus kann man auf einem schmalen Weg zum Wasserfall gelangen. Nach etwa 50 m gabelt sich der Pfad vor einem Informationsschild. Wir gehen links hinauf und halten uns stets oberhalb

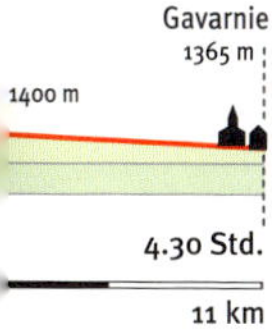

Im Cirque de Gavarnie

des Baches. Deutlich sind jetzt auch die anderen Wasserfälle zu erkennen, die sich von den Wänden des Talkessels ergießen.

Der Geröllpfad gabelt sich mehrmals, aber die Abzweigungen führen immer wieder zusammen. Dann entfernt sich der Weg etwas vom Bach, und wir halten jetzt direkt auf den Wasserfall zu. Der letzte Teil des Aufstiegs über Felsschutt ist sehr anstrengend. Schließlich stehen wir unterhalb der **Grande Cascade du Cirque** (2 Std.) im feinen Sprühregen.

Unter den zahllosen Wasserfällen, die die Hänge des Cirque de Gavarnie hinunterstürzen, ist die Grande Cascade du Cirque mit einer Fallhöhe von 422 m sicherlich die eindrucksvollste. Sie wird von einer Karstquelle gespeist, die ihr Wasser auf unterirdischem Wege aus einem annähernd 2600 m hoch gelegenen Gletschersee des Monte Perdido, also vom spanischen, nach Süden gerichteten Hang des Massivs bezieht. An der steilen, mehr als 1500 m hohen Kesselwand kann man eine dreifache Abfolge von harten und weichen Schichten erkennen. Die steilen Wände entsprechen dabei stets den harten Gesteinsschichten, während an den flacheren Stellen weichere Gesteine zu finden sind.

Für den Rückweg können wir vom **Hôtel du Cirque** (2.30 Std.) aus, um den vielen Besuchern zu entgehen, die sich am späten Vormittag auf den Weg zum Cirque de Gavarnie machen, eine andere Route wählen, die allerdings eine gewisse Schwindelfreiheit voraussetzt. (Nicht schwindelfreie Wanderer sollten für den Rückweg ab dem Hôtel du Cirque wieder den breiten Fahrweg wählen. Die Gesamtdauer der Wanderung verkürzt sich dadurch um etwa 20 Min.). Rechts vom Hôtel führt ein schmaler, recht steiniger Pfad schräg den Hang hinauf. Er quert einen kleinen Bach und windet sich dann zunächst steil eine Bergwiese hinauf.

Wir überschreiten auf großen Steinen einen breiteren Bach. Anschließend verläuft der Pfad mehr oder weniger hangparallel weiter in den Wald hinein. Zur Rechten ragt eine Felswand auf, von der es stellenweise auf den Weg hinuntertropft. Links fällt der Hang steil zum Fluß hinab. Hin und wieder bieten sich schöne Ausblicke auf das Tal und den Ort Gavarnie. Ganz allmählich führt der Weg nun bergauf.

Dann stehen wir plötzlich vor einem Tor (3.20 Std.). Wir schließen es sorgfältig hinter uns. Dahinter gabelt sich der Weg. Der rechte, obere führt zu einer Schutzhütte. Von dort geht es kurz darauf über eine kleine Holzbrücke, und dahinter finden wir auf einer Bergwiese schöne Plätze zum Rasten. Dies ist das **Plateau de Pailla** (3.45 Std.).

Nach wenigen Metern ist eine Weggabelung erreicht, an der es rechts zum Refuge des Espuguettes (Berghütte) geht. Wir halten uns jedoch links hinunter auf einen steinigen Pfad zu, vor uns eröffnet sich nun ein wunderschönes Gebirgspanorama.

Bald wird der Abstieg sehr steil. Ein mit Gattern abgesperrter Wiesenweg kreuzt den Pfad. Kurz darauf sind wir unten im Tal, wo wir auf den breiten Fahrweg treffen, der uns vom Hinweg schon bekannt ist. Rechts geht es Richtung **Gavarnie**, das wir nach 4.30 Std. wieder erreichen.

La Grande Cascade du Cirque

Geheimnisse um einen See

Von Pont d'Espagne zum Lac de Gaube

Eines der traditionellen Wanderziele der französischen Pyrenäen ist der Lac de Gaube. Der Ausblick am Ziel der Wanderung lohnt die Mühe des Aufstiegs: Vor uns liegt der See, im Hintergrund erhebt sich das Vignemale-Massiv.

DIE WANDERUNG IN KÜRZE

++ Anspruch

2.30 Std. Gehzeit

350 m An-/Abstieg

Charakter: kurzer, aber anstrengender Auf- und Abstieg; Trittsicherheit erforderlich

Wanderkarte: Carte de Randonnées 1:50 000, Pyrénées, carte n° 4: Bigorre

Einkehrmöglichkeit: Ausflugslokal am Lac de Gaube

Anfahrt: mit dem **Bus** von Lourdes nach Cauterets, weiter per Taxi nach Pont d'Espagne (8 km); mit dem **Auto** von Lourdes auf der N 21 über Argelès-Gazost nach Pierrefitte, dann auf der D 920 nach Cauterets, von dort talaufwärts nach Pont d'Espagne, wo die Straße an einem großen Parkplatz endet

Hinweis: Fahrt mit dem Sessellift kann den Auf- oder Abstieg ersparen: Talstation oberhalb des Pont d'Espagne, von der Bergstation führt ein breiter, ebener Weg zum Lac de Gaube (20 Min.)

Autofahrer stellen den Wagen auf dem Parkplatz von **Pont d'Espagne** im Nationalpark ab. Von dort geht es auf der Straße noch ein Stück bergauf, an einem Sanitärgebäude vorbei. Dahinter zweigt in einer Linkskurve rechts ein rot-weiß markierter Weg ab, der nach wenigen Metern zu einer kleinen Brücke führt. Dort überqueren wir die Straße und

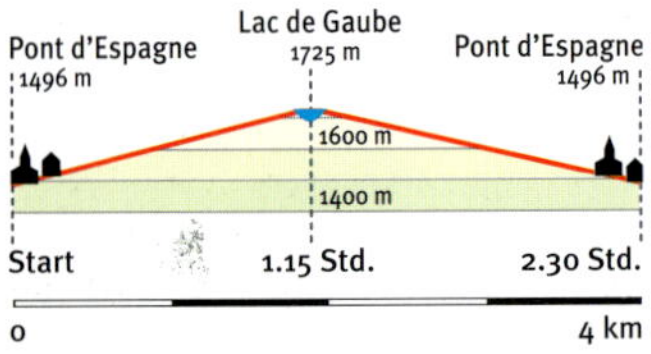

schlagen direkt gegenüber, am Informationsschild der Nationalparkverwaltung, den Weg bergauf Richtung ›Hôtellerie du Gaube‹ ein.

Auf dem gut ausgebauten Weg geht es in Serpentinen steil bergauf. Zur Rechten stürzt ein breiter Wasserfall den Berg hinunter. Vorübergehend wird der Anstieg etwas sanfter, doch anschließend geht es wieder steiler aufwärts. Riesige Felsblöcke müssen umrundet werden.

Dann bietet sich erstmals ein Blick auf das Vignemale-Massiv (45 Min.). Kurz darauf passieren wir zwei schon recht stark verlandete Teiche und wandern wieder zwischen Granitfelsen, die einst von einem Gletscher glattgeschliffen wurden. Die Spuren der Eiszeit sind noch deutlich zu erkennen. Der Bach fließt rechts des Weges träge in einer feuchten Niederung und ist in zahlreiche Arme aufgespalten.

Nach steilem Anstieg über die glattpolierten Felsen sind weit voraus die ersten Firnschneefelder zu erkennen. Am gegenüberliegenden Talhang sieht man den ebenen, stark begangenen Weg, der von der Bergstation des Sessellifts zum Lac de Gaube führt. Der anstrengendste Teil des Aufstiegs ist nun bewältigt, und das Gelände lichtet sich.

Eine Abzweigung nach rechts (1.10 Std.) beachten wir nicht. Statt dessen halten wir geradeaus auf die Berghütte zu. Wenige Meter danach liegt unvermittelt der See vor uns. Ringsum bietet die Gebirgswelt ein herrliches Panorama. Links befindet sich direkt am **Lac de Gaube** das Ausflugslokal mit seiner schön gelegenen Aussichtsterrasse (1.15 Std.). Wer möchte, kann rechts am See entlang weiterlaufen. Vom linken Seeufer ist die höchste Erhebung des Vignemale auszumachen, der Pique Longue (3298 m).

Der Rückweg entspricht dem Hinweg, und wir erreichen nach 2.30 Std. wieder den Parkplatz von **Pont d'Espagne.**

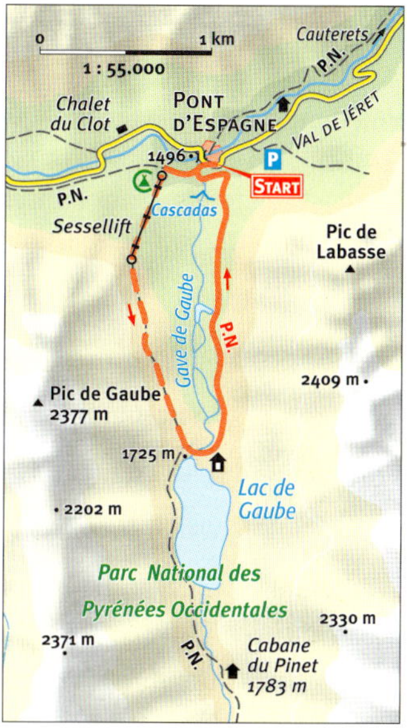

Lac de Gaube

Schon im vorigen Jahrhundert erfreute sich der Lac de Gaube eines regen Besucherstroms. Ein Fischer hatte seine Hütte am See aufgebaut. In deren unmittelbarer Nähe erhob sich ein eigenartiges Denkmal aus dem Jahr 1832. Das Monument – so konnte man der Inschrift entnehmen – wurde zum Gedenken an ein jungvermähltes Paar aus England aufgestellt, das im See ertrunken war. Nie konnten die näheren Umstände des Todes geklärt werden. Zahlreiche Versionen kursierten bald nach dem traurigen Ereignis. So hieß es, das Ehepaar hätte sich beim vorangegangenen Mittagessen gestritten. Der Mann wäre betrunken gewesen, und dann seien sie in ein Boot gestiegen und auf den See hinausgefahren. Dort sei es zu einem Mord mit darauffolgendem Selbstmord gekommen.

Natürlich erregten derlei Geschichten in der romantischen Epoche, die durch eine starke Tendenz zum Mythos und zum Phantastischen geprägt war, großes Aufsehen. Schon bald konnte der geschäftstüchtige Fischer Eintritt für das Gelände verlangen, auf dem das Denkmal stand. Es wurde 1940 entfernt, und heute erinnert hier nichts mehr an die tragische Geschichte.

Tour 30

Alte Paßstraße

Von Pont d'Espagne ins Vallée du Marcadau

Das Vallée du Marcadau, einst vielbenutzter Übergang nach Spanien, ist heute einer der interessantesten Teile des französischen Pyrenäen-Nationalparks. Durch Wiesentäler und über Felsstufen geht es hinauf zur Wallon-Berghütte.

DIE WANDERUNG IN KÜRZE

++ Anspruch

6 Std. Gehzeit

300 m An-/Abstieg

Charakter: zunächst breiter Fahrweg, dann teils steiniger Wanderweg

Wanderkarte: Carte de Randonnées 1:50 000, Pyrénées, carte n° 4: Bigorre

Einkehrmöglichkeit: Refuge Wallon (nur in der Hochsaison: Juli/Aug.)

Anfahrt: mit dem **Bus** von Lourdes nach Cauterets, weiter per Taxi nach Pont d'Espagne (8 km); mit dem **Auto** von Lourdes auf der N 21 über Argelès-Gazost nach Pierrefitte, weiter auf der D 920 nach Cauterets, von dort talaufwärts nach Pont d'Espagne, wo die Straße an einem großen Parkplatz endet

Ausgangspunkt ist der **Parkplatz** von **Pont d'Espagne** im Nationalpark. Wir folgen zu Fuß der Straße weiter hinauf, überschreiten eine kleine Brükke und erreichen dann die größere Brücke Pont d'Espagne. Direkt dahinter zweigt links ein Fußweg ab, ein Schild weist zur Seilbahn (Télésiège de Gaube). Zwischen verstreut liegenden Felsblöcken und über einen Bach geht es zunächst zur Talstation des Sessellifts zum Lac de Gaube, dann quer über den dortigen Platz. An dessen hinterem Teil gelangen wir zu einem Weg und setzen direkt am Fluß entlang unsere Wanderung fort.

Wir überqueren ein Campinggelände (30 Min.) und kommen kurz darauf an einer Brücke vorbei. Der Weg ins Vallée du Marcadau führt nun als geteerte Piste geradeaus weiter. Über eine Moräne, kenntlich an den groben Felsbrocken, die wie durcheinandergewürfelt scheinen, geht es langsam bergauf.

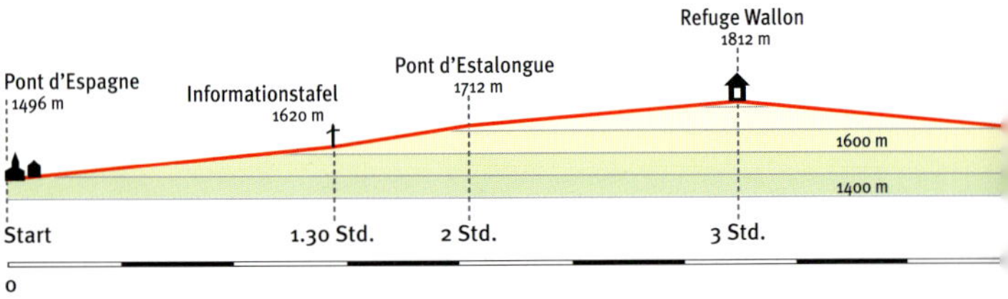

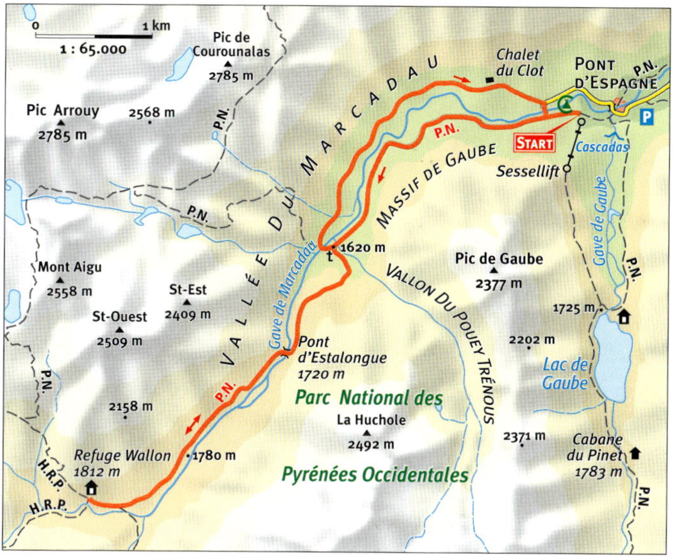

Nach einiger Zeit erblickt man rechts unten einen teilweise verlandeten See. Voraus bietet sich immer wieder ein schöner Ausblick auf die umliegenden Berge. Es geht ein wenig bergab, zum Fluß hinunter, der hier träge durch ein breites, flaches Talstück fließt. Auf der gegenüberliegenden Seite steht eine kleine Hütte. Kurz darauf endet die Asphaltstraße. Eine breite Geröllpiste führt fast eben weiter, voraus bietet sich ein herrlicher Panoramablick. Wir queren einen Seitenbach und erreichen bald das Ende des flachen Talabschnitts. An einer **Informationstafel** gabelt sich der Weg (1.30 Std.).

Links auf dem breiten Weg geht es weiter. Wir passieren einen kleinen Parkplatz, auf dem die Autos der Viehhirten und Nationalparkaufseher abgestellt sind. Von hier an ist der Weg für Fahrzeuge unpassierbar. Erneut kommen wir an eine Gabelung, hier gehen wir wiederum links. Hinter einer Rechtskurve führt der Weg geradeaus weiter bergauf.

Es gilt jetzt, eine Granitfelsbarriere zu überwinden, die das Tal versperrt. Nachdem wir einen Bach überquert haben, kommt ein Pfad von rechts unten herauf. Unser Weg, der nun vorübergehend recht eben durch eine sumpfige Wiese verläuft,

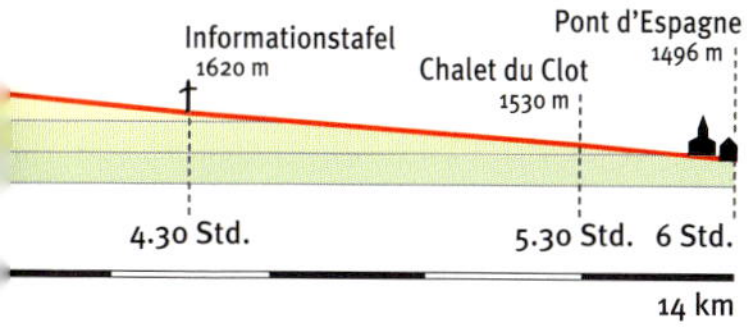

Im Vallée du Marcadau

führt jedoch geradeaus weiter. Nach kurzem, steilem Anstieg kommen wir an einer weiteren morastigen Stelle vorbei.

Dann ist die Felsbarriere überwunden, wir haben den Fluß erreicht, den wir kurz darauf auf der **Pont d'Estalongue** überschreiten (2 Std.). Ruhig fließt er nun zu unserer Linken in einer breiten Talniederung dahin. Auf der Wiese liegen grobe Felsbrocken, Gesteinsschutt, der hin und wieder von den angrenzenden Hängen herunterpoltert.

Am oberen Ende des flachen Talgrunds windet sich der Weg wieder steil bergauf, um eine weitere Felsbarriere zu bewältigen. Bald schon fließt der Fluß tief unter uns in einer engen Schlucht. Das anstrengendste Stück der Steigung ist bald überwunden. Oben kann man noch die Spuren des ehemaligen Gletschers erkennen, der die Felsen glattgeschliffen hat.

Schließlich öffnet sich voraus ein breites Talstück, in dem mehrere Tälchen zusammenfließen. Links des Weges liegt ein verlandeter Tümpel, vor uns dehnt sich eine Weidefläche aus. Ein Wegweiser zeigt nach rechts zum **›Refuge Wallon‹**. Auf dem teils gepflasterten Weg geht es noch ein Stück bergauf bis zur nahe gelegenen Hütte (ca. 3 Std.).

Für den Rückweg wählen wir zunächst den Weg, auf dem wir gekommen sind, bis zu dem kleinen Parkplatz, an dem der Fahrweg endet. Jetzt zweigen wir vor der **Informationstafel** (4.30 Std.) links ab und überqueren den Fluß. Dahinter gehen wir rechts, also talabwärts.

Zunächst führt der Wiesenweg durch flachen Talgrund. Später gabelt er sich. Wir folgen dem breiten, nun steinigen Weg nach links, jetzt wieder steiler bergab. Zur Rechten schneidet sich der Fluß tief in eine Felsbarriere ein. Bald darauf steigen wir auf Flußniveau hinunter zum **Chalet du Clot** (5.30 Std.).

Wir gehen zum Campinggelände hinüber und auf dem uns schon bekannten Weg zurück zum Parkplatz in **Pont d'Espagne** (6 Std.).

Seenrunde am Pic du Midi

Von Bious-Artigues zum Refuge d'Ayous und zum Lac Bersau
Dieser Rundweg zählt zu den beliebtesten Pyrenäen-Wanderrouten und berührt sechs Karseen. Unterwegs fällt der Blick aus den verschiedensten Perspektiven auf den markanten Doppelgipfel des Pic du Midi d'Ossau.

DIE WANDERUNG IN KÜRZE

++ Anspruch

5.30 Std. Gehzeit

700 m An-/Abstieg

Charakter: mäßige Steigungen, etwas steilerer Abstieg, wenig Schatten

Wanderkarte: IGN TOP 25, 1547 OT, Ossau – Vallée d' Aspe, 1:25 000

Einkehrmöglichkeiten: zwei Ausflugslokale am Lac de Bious-Artigues

Anfahrt: mit öffentlichen Verkehrsmitteln ist der Ausgangspunkt nicht zu erreichen; mit dem **Auto** auf der D 934 von Pau Richtung Col du Pourtalet, südlich von Gabas nach Bious-Artigues abzweigen, bis zum Ende der Straße fahren (Parkplatz, der jedoch meist überfüllt ist, man parkt dann unterhalb des Platzes am Straßenrand)

Ausgangspunkt ist der Parkplatz am **Lac de Bious-Artigues.** Rechts neben den dortigen Ausflugslokalen beginnt ein breiter Weg, der zunächst am linken Ufer des Stausees von Bious-Artigues entlangführt. Genau vor uns erhebt sich der markante Pic du Midi d'Ossau mit seinen zwei ungleichen Gipfeln. Wir passieren eine Pferde- und Ponyverleihstation und gelangen kurz darauf an den Südrand des Sees, den der Weg nun hinter sich läßt. Nach etwa 10 Min. gabelt sich die Route in einem flachen Wiesental. Wir halten uns links. Mit mäßiger Steigung geht es talaufwärts.

Der Gebirgsbach Gave de Bious sprudelt zunächst rechts von uns und wird dann auf der **Pont d'Ayous** gequert (30 Min.). Hinter der Brücke folgen wir der Beschilderung ›tour des lacs‹ nach links. Etwa 15 Min. später passieren wir eine Schranke und stehen kurz darauf am Beginn eines breiten Wiesentals, wo regelmäßig Pferde weiden. Hier gabelt sich der Weg, wir halten uns rechts Richtung Lac d'Ayous, gehen also nicht links über die **Pont de Bious** hinweg (45 Min.).

Der nun schmalere Wanderweg tritt wieder in den Wald ein. Gleich darauf gehen wir an einer weiteren Gabelung rechts aufwärts. Schräg zum Hang gewinnen wir jetzt rascher an Höhe. Später beschreibt der Weg dann enge Serpentinen, wobei zwischen den einzelnen Kurven steile Abkürzungen möglich sind. Nach insgesamt 1 Std. Gehzeit öffnet sich der Wald, und wir stehen auf einer ausgedehnten, mit groben Felsen übersäten Lichtung. Am rechten,

oberen Rand der Almwiese steht eine Schutzhütte, zu der wir jedoch nicht hinaufgehen, sondern dem deutlich erkennbaren Wanderweg nach links wieder in den Wald hinein folgen. Allerdings kann man den Schatten nur kurze Zeit genießen, denn schon bald befinden wir uns oberhalb der Waldgrenze. Nach links öffnet sich nun ein herrliches Bergpanorama mit Blick auf den **Pic du Midi d'Ossau,** der sich hier von seiner schönsten Seite zeigt.

Nachdem wir weiterhin recht kräftig an Höhe gewonnen haben, stehen wir nach 1.30 Std. ganz unvermittelt am Ufer des ersten Sees, des **Lac Roumassot.** Wir lassen den See links liegen und halten auf einen Wasserfall zu, neben dem sich unser Wanderweg steil aufwärts windet. Nachdem dieser kurze steile Anstieg

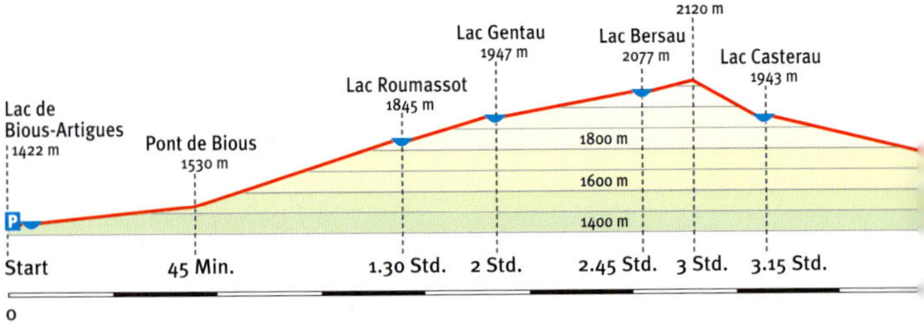

überwunden ist, geht es auf einer welligen, von Felsen durchsetzten Hochfläche sanfter bergan. Man kann nun entweder der schmaleren linken oder der breiteren rechten Spur folgen, beide führen bald wieder zusammen.

Der nächste See, der **Lac du Miey,** kommt linker Hand in Sicht. Hinter der nächsten Wegbiegung treffen wir auf den größeren **Lac Gentau.** Hier gabelt sich der Weg (2 Std.). Wir folgen nicht dem beschilderten rechten Abzweig Richtung Col d'Ayous, sondern halten uns auf dem unbeschilderten Weg links am Ufer des Sees entlang, auf die Berghütte Refuge d'Ayous zu.

Hinter dem Refuge können wir einen Blick auf den kleinen, allerdings recht stark verlandeten und durch eine Steinlawine großenteils verschütteten **Lac d'Ayous** werfen. Dann queren wir den Bach, der vom Lac d'Ayous kommend in den Lac Gentau fließt, und folgen auf der anderen Seite einem steinigen Pfad bergauf. Wir befinden uns nun im Gebiet des französischen Pyrenäen-Nationalparks. Sobald wir ein Steilstück überwunden haben, stehen wir wieder unmittelbar an dem Bach (2.30 Std.). Hier gabelt sich der Pfad. Wir gehen links, überqueren sofort den Wasserlauf und halten uns an seinem Rand weiter aufwärts. Nun laufen wir durch ein Felsenmeer, entfernen uns wieder etwas von dem Bach, der auf natürliche Weise zu mehreren kleinen Seen aufgestaut ist, und erreichen nach 2.45 Std. den mit rund 2080 m höchstgelegenen See der Runde, den **Lac Bersau.**

Am See bietet es sich an, eine Mittagspause einzulegen, bevor es dann am Ostufer, also an seiner linken Seite, weitergeht. Nun ist der höchste Punkt der Wanderung zu überwinden, eine schmale Paßhöhe jenseits des Lac Bersau. Nach 3 Std. stehen wir auf dem Paß und blicken weit nach Südosten auf in der Ferne sich erstreckende Bergketten.

Sehr viel näher ragt links voraus der markante **Pic Castérau** (2227 m) auf. Unter uns liegt der gleichnamige See, zu dem wir nun hinabsteigen. Unterwegs treffen wir auf eine Weggabelung, wo rechts die Route zum Col des Moines abzweigt. Wir jedoch halten uns links Richtung Bious-Artigues. Im weiteren Wegverlauf passieren wir einige Pingos (frz. gouffre). Dabei handelt es sich um rundliche Löcher im Boden, die während der letzten Eiszeit entstanden sind: Zunächst bildeten sich in dem torfigen Untergrund Eislinsen, die zur Aufwölbung von Hügeln führten, die dann nach dem Abtauen des Eises zu Löchern kollabierten. Mit etwas Glück kann man in den Pingos die großen Blüten der Silberdistel entdecken.

Wir kommen an den Ruinen eines Hauses vorbei und stehen kurz darauf am Ufer des **Lac Castérau** (3.15 Std.). Nachdem wir den See hinter uns gelassen haben, erblicken wir rechts voraus die Westflanke des **Pic du Midi d'Ossau.** Vor uns erstreckt sich tief unten das Wiesental der Gave de Bious, dessen unteren Bereich wir auf dem Hinweg verlassen hatten. Wir steigen in relativ steilen Kur-

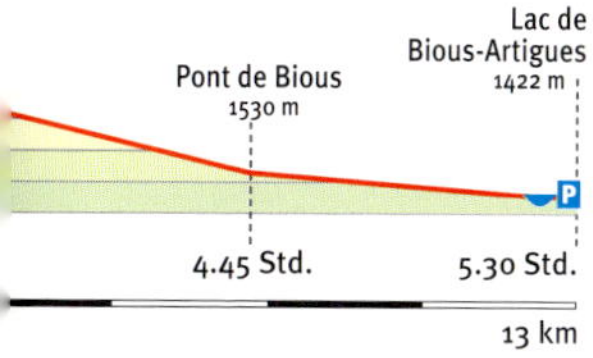

Lac d'Ayous

ven hinab. Auf einem recht felsigen Abschnitt gilt es, ein wenig aufzupassen, da hier vor allem bei feuchter Witterung Rutschgefahr besteht.

Nach 4 Std. treffen wir auf einen breiten Wirtschaftsweg, dem wir nach links folgen. Wir laufen nun durch das zuvor schon von oben sichtbare Hochtal, in dem im Sommer zahlreiche Schafe und Pferde weiden. Etwa 10 Min. später erblicken wir rechts von uns eine Berghütte. Unterhalb dieser Stelle hat sich der Gebirgsbach eine enge Schlucht geschaffen, um eine Talstufe zu überwinden. Unser Weg führt daneben, nun etwas steiler, in Serpentinen bergab.

Unterhalb der Geländestufe queren wir den Bach auf einer Brücke (4.30 Std.) und laufen dann recht gemächlich durch den unteren Teil des Hochtals. Kurz darauf überqueren wir einen weiteren, schmaleren Bach, wo ein Wanderweg von rechts mündet. Er führt ebenso rund um den Pic du Midi d'Ossau wie ein weiterer Weg, der wenige Minuten später rechts abzweigt. Wir können nun eine Wegkurve abschneiden und laufen dann direkt auf die Brücke zu, bei der wir auf dem Hinweg das Haupttal verlassen hatten.

Wir gehen auf dem gleichen Weg zum Parkplatz am **Lac de Bious-Artigues** zurück (5.30 Std.).

Im Land der Bären

Vom Wanderparkplatz Napia zum Lac de Lhurs

Durch stille Wälder, später durch eine bizarre Felslandschaft geht es steil aufwärts zum Bergsee von Lhurs, der in ein sehenswertes Gebirgspanorama eingebettet ist.

DIE WANDERUNG IN KÜRZE

++ Anspruch

5 Std. Gehzeit

650 m An-/Abstieg

Charakter: steiler Auf- und Abstieg auf Waldwegen und Bergpfaden; gute Kondition erforderlich

Wanderkarte: IGN TOP 25, 1547 OT, Ossau – Vallée d'Aspe, 1:25 000

Einkehrmöglichkeiten: nur in Lescun

Anfahrt: mit öffentlichen Verkehrsmitteln ist der Ausgangspunkt nicht zu erreichen; mit dem **Auto** auf der N 134 von Oloron-Ste-Marie Richtung Col du Somport, zwischen Bedous und Cette-Eygun nach Westen Richtung Lescun abzweigen, dann im Zentrum von Lescun vor dem einzigen (z. Z. geschlossenen) Hotel des Ortes zunächst rechts und dann gleich wieder links, der Beschilderung ›Anapia-Lhurs (Lac)‹ folgend, am Ortsrand geht es an einer Kreuzung geradeaus weiter und an der nächsten Straßengabelung rechts, dann erneut rechts dem Schild ›Parking Napia‹ folgen (etwa 100 m auf steiniger Piste bis zum Wanderparkplatz)

Vom Wanderparkplatz **Napia** folgen wir der steinigen Piste aufwärts und halten uns gleich darauf an einer Gabelung links. Im Bogen führt der Wirtschaftsweg über eine Farnwiese stetig bergauf. Links öffnet sich das Panorama auf den Gebirgszug östlich des Aspe-Tals. Davor ist – eingebettet in ein Wiesen-Hochtal – der Ort Lescun zu sehen. Hinter einer Rechtsbiegung verläuft unser Weg dann hoch oberhalb des Talgrunds der Bresme. Bald darauf erblicken wir vor uns den **Billare,** mit 2318 m eine der höchsten Erhebungen in diesem Gebiet. An dieser Stelle endet der zur Not noch mit dem Pkw befahrbare Teil des Wirtschaftsweges (25 Min.).

Wir halten uns rechts aufwärts, einem nicht markierten Wiesenweg ein schmales Nebental aufwärts folgend, in dem ein Gebirgsbach plätschert. Haselnußgebüsch säumt die Route. Hier und da finden wir von nun an zwei gelbe Balken als Markierung am Wegrand. Schon bald wird der Bach gequert, wobei je nach Wasserführung Rutschgefahr auf den nassen Steinen besteht. Kurz darauf gabelt sich der Pfad. Bequemer ist es, nicht der weiß-rot-weißen Markierung am Bachbett entlang zu folgen, sondern links zu

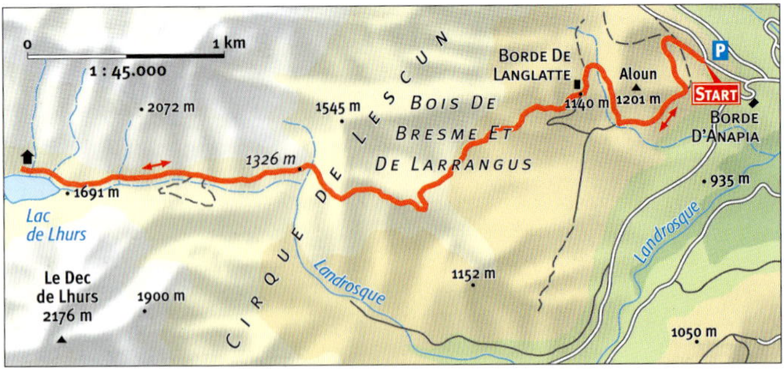

gehen, sich an den gelben Streifen orientierend. Wenig später treffen beide Markierungen allerdings wieder zusammen.

Im Bogen entfernen wir uns dann links vom Talgrund und stehen oberhalb einer Almwiese an einer unübersichtlichen **Kreuzung,** wo mehrere Pfade in verschiedene Richtungen abzweigen (40 Min.). Hier gehen wir links an der Wiese entlang, die von unserem Weg durch einen Stacheldrahtzaun getrennt ist. Kurz darauf halten wir uns an einer Gabelung auf einem Forstweg – er ist durch eine Schranke für den öffentlichen Verkehr gesperrt – rechts aufwärts.

Im folgenden Wegverlauf ignorieren wir mehrere Abzweigungen nach rechts oder links und gehen stets auf dem Forstweg geradeaus weiter, der in schattigem Buchenwald schräg zum Hang recht steil aufwärts führt. Gelbe Wegmarkierungen, die allerdings recht spärlich und oft erst in reichlichem Abstand von Abzweigungen angebracht sind, lassen ab und zu erkennen, daß wir uns auf der richtigen Route befinden.

Nach 1.10 Std. beschreibt der breite Forstweg eine enge Rechtskurve. Wir verlassen ihn nun und gehen geradeaus auf einem schmaleren Weg weiter, der durch gelbe Balken und eine kleine Steinpyramide gekennzeichnet ist. Unser Weg gabelt sich nach etwa 30 m, wir gehen rechts, also aufwärts, dem Kamm eines bewaldeten Bergrückens folgend. Vorübergehend wird der Wegverlauf nun etwas unübersichtlich. Es geht zunächst noch für kurze Zeit geradeaus, dann links vom Bergrücken weg und schräg zum Hang weiter. Der Einstieg zu diesem Wegabschnitt ist deutlich durch gelbe Balken gekennzeichnet (ca. 1.30 Std.).

Der Weg tritt nun bald aus dem Wald heraus, und vor uns wird der schroffe **Dec de Lhurs** (2176 m) sicht-

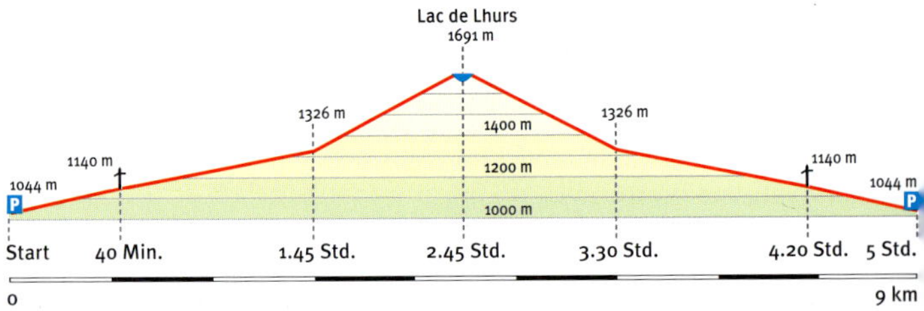

bar. Rechts daneben befindet sich die Scharte, durch die wir im weiteren Wegverlauf zum Lac de Lhurs gelangen werden. Immer mehr öffnet sich nun zur Linken das eindrucksvolle Bergpanorama des **Cirque de Lescun,** zu dessen eindrucksvollsten Erhebungen der Dec de Lhurs zählt. Vorübergehend sind nun keine weiteren Steigungen zu bewältigen. Mehr oder weniger höhenparallel schlängelt sich der Wanderweg am Hang oberhalb des bewaldeten Tals der Landrosque entlang.

Schon bald befinden wir uns wieder im Schatten hoher Buchen, unter die sich nun immer öfter auch majestätische Tannen mischen. Wiederum tritt der Weg aus dem Wald heraus, und wir erblicken links von uns eine steile Felswand. Einige Meter weiter gabelt sich der Weg, wir folgen rechts dem gelben Balken und dem Schriftzug ›Lhurs‹. Nach kurzem steilen Anstieg erreichen wir 5 Min. später eine breite Forstpiste, auf der wir uns links halten. Die Piste endet nach wenigen Metern und geht in einen steinigen Weg über, der uns quer über den oberen Teil einer Talmulde und dann an der **Felswand** (1.45 Std.) entlang führt, die wir von weiter unten bereits gesehen hatten. Nachdem die Felswand passiert ist, geht es wiederum steil aufwärts. Bald ist voraus die Felsscharte nördlich des Dec de Lhurs zu erkennen, auf die wir nun durch offenes Gelände zuhalten.

Nach 2.10 Std. erreicht der Pfad das im Sommer meist ausgetrocknete Bachbett des Landrosque, durch den im Frühjahr das Schmelzwasser aus dem Bereich des Lac de Lhurs flutet. Kleine Felspyramiden kennzeichnen die Überquerung des mit grobem Geröll übersäten Talgrunds. Auf der anderen Seite geht es dann schräg zum Hang und bald darauf in Serpentinen einen mit Haselnußsträuchern bewachsenen Hang aufwärts. Sobald wir das Haselnußgebüsch hinter uns gelassen haben, wird der Blick völlig frei auf den genau vorausliegenden bizarren Gipfel des Dec de Lhurs. Hier zweigt der Pfad nach rechts ab und verläuft schräg zum Hang weiter. Der Routenverlauf wird nun recht unübersichtlich. Unser Pfad verliert sich in mehreren schmalen Spuren, ist jedoch hier und da durch eine kleine Felspyramide markiert. Wir halten jetzt auf die bekannte Felsscharte und den dahinterliegenden Talkessel zu, wobei es zunächst ein recht felsiges Gelände zu durchqueren gilt. Die Kalksteinplatten wurden im Eiszeitalter von Gletschern glattgeschliffen. Später entstanden durch Verkarstungsprozesse zahlreiche Karren, auffällige senkrechte Rillen im Fels.

Dann stehen wir recht unvermittelt in einem Hochtal, das im Sommer Schafen als Weide dient. Der Pfad führt weiter in dieses hinein, und wir erreichen nach 2.45 Std. den **Lac de Lhurs,** der in ein herrliches Bergpanorama eingebettet ist. An seinem rückwärtigen Ende befindet sich eine unbewirtschaftete Berghütte, zu der man nach weiteren 5 Min. gelangt.

Der Rückweg erfolgt auf derselben Route wie der Aufstieg. Nach rund 5 Std. ist man wieder am Wanderparkplatz **Napia**.

Auf dem Weg zum Lac de Lhurs ▷

Auf den Gipfel des Gänsegeiers

Von Roncesvalles zum Lindux

Die Route verläuft durch einen mitteleuropäisch anmutenden Buchenwald mit vielfältiger Fauna. Dann geht es zum Doppelgipfel des Lindux mit seinen prähistorischen Grabstätten

DIE WANDERUNG IN KÜRZE

+ Anspruch

4.30 Std. Gehzeit

300 m An-/Abstieg

Charakter: Waldweg, der zunächst sanft, dann steiler zum Lindux hinaufführt, Orientierung hier stellenweise schwierig, zurück auf breitem Fahrweg, dann schmalem Waldweg

Wanderkarte: Cartografía Militar de España, Mapa general 1:50 000, Valcarlos 26–6 (91)

Einkehrmöglichkeit: Hotel ›La Posada‹ in Roncesvalles

Anfahrt: mit dem **Bus** von Pamplona nach Burguete (1 x tägl. abends), von dort zu Fuß oder per Taxi 3 km nach Roncesvalles; mit dem **Auto** von Pamplona auf der C 135 nach Roncesvalles; oder, von Frankreich kommend, von St-Jean-Pied-de-Port auf der D 933 bis zur Grenze bei Valcarlos und weiter auf der C 135 nach Roncesvalles (Parkmöglichkeit Hotel ›La Posada‹)

Unterkunft: Hotel ›La Posada‹ in Roncesvalles

Öffnungszeiten: Museum im Kloster von Roncesvalles: 1. Juni–30. Sept. tägl. 11–13.30 Uhr und 16–18 Uhr, sonst nur an Sonn- und Feiertagen

Vom Parkplatz am Hotel ›La Posada‹ in **Roncesvalles** gehen wir an der Straße etwa 100 m bergauf und biegen dann links zwischen den beiden Gebäuden der ehemaligen Pilgerherberge in einen Fahrweg ein. Hinter den Häusern treffen wir nach ungefähr 50 m auf ein Tor. Für Autos ist der Weg von hier ab gesperrt, Fußgänger können aber rechts neben dem Tor den Zaun mit Hilfe einer kleinen Holztreppe überqueren und gelangen so auf eine breite Eschenallee. Nach weiteren 100 m gabelt sich der Weg. Wir halten uns rechts, folgen dem Feldweg über eine Schafweide und gehen auf ein großes Stallgebäude zu.

Am Waldrand müssen wir einen Bach überschreiten und treffen 50 m weiter auf einen breiten Fahrweg, auf dem wir erst rechts hinauf und dann links gehen. Parallel zum Hang führt der Weg nun durch hochstämmigen Buchenwald.

An der nächsten Kreuzung folgen wir dem orangefarbenen Pfeil nach rechts auf einen breiten Waldweg und gehen kurz darauf an einer Gabelung links, also sanft bergab. Nach

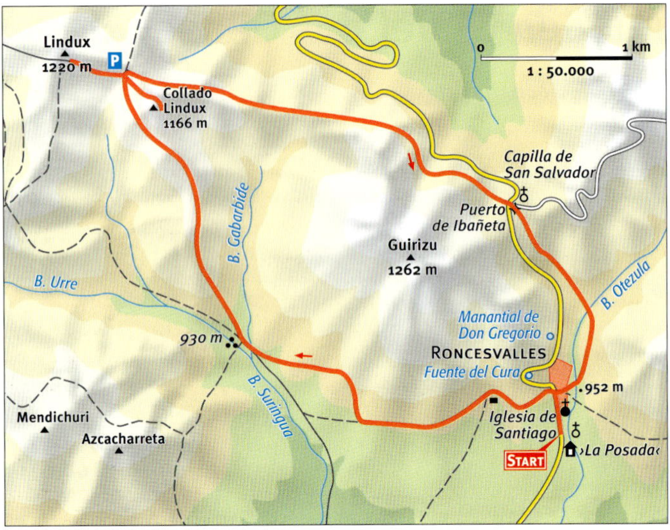

200 m gabelt sich der Weg erneut. Hier wenden wir uns nach rechts, um durch eine Farnwiese steiler bergab zu steigen.

Schon bald gilt es, ein sumpfiges Bachbett zu queren; dahinter führt der Weg als Wiesenpfad wieder sanft bergauf. Hier müssen wir aufpassen, da der Wegverlauf nur undeutlich zu erkennen ist. Man muß sich etwas nach rechts halten, auf eine flache, etwa 50 m entfernte Kuppe zu. Dort geht es dann links auf dem nun wieder breiteren Weg bergab. Von rechts oben kommt ein Weg, den wir nicht beachten. Kurz darauf stoßen wir auf einen Stacheldrahtzaun (45 Min). Dahinter verläuft ein breiter Fahrweg. Der Zaun muß überstiegen werden (etwa 100 m weiter rechts gibt es eine Holztreppe), dann folgen wir dem Fahrweg nach rechts, gemächlich talaufwärts.

Der Weg quert den Bach, der von nun an zu unserer Rechten fließt. Kurz darauf passieren wir die **Ruinen** (1.15 Std.) mehrerer Gebäude; dann gabelt sich der Weg. Wir gehen rechts, dem orangenen Pfeil folgend, an einem kleineren Bach entlang. Zwei kleine Täler treffen zusammen, genau auf dem Rücken dazwischen verläuft der Weg. Er ist wiederum mit einem orangefarbenen Pfeil markiert. Nach einigen Metern gehen wir auf dem breiteren Weg links weiter.

Erneut gabelt sich der Weg, und wir folgen dem orangefarbenen Pfeil

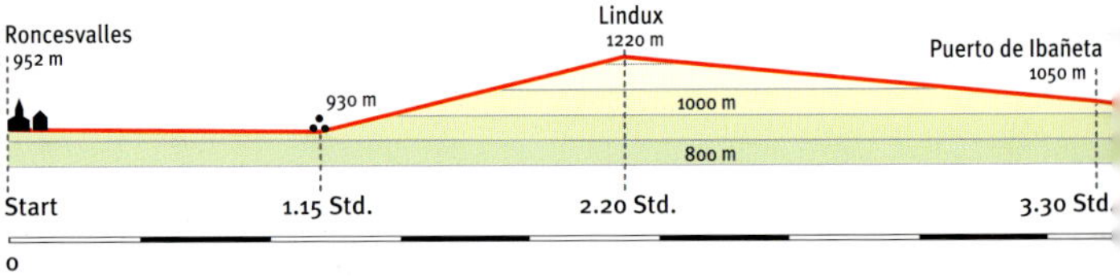

nach links. Ganz allmählich führt der Weg am rechten Talrand bergauf. Dann verläuft er wieder steiler, und ein schmaler Pfad zweigt nach links ab, den wir nicht beachten. Zuletzt wird der Anstieg sehr steil und anstrengend. An einer weiteren Gabelung (2 Std.) gehen wir rechts hinauf, wiederum dem orangefarbenen Pfeil folgend. 20 m weiter zweigt erneut ein Weg ab, wir gehen links, auf einem breiten, grasbewachsenen Waldpfad.

Am oberen Ende des Tales treffen wir auf einen hangparallelen Weg, den wir überqueren, um quer durch den Wald bis zum Sattel aufzusteigen. Dort stoßen wir auf ein Gatter. Davor halten wir uns links, auf den Gipfel des **Lindux** zu (2 Std. 20 Min.). Nun ist der Tumulus auf der höchsten Erhebung deutlich zu erkennen. Auch auf dem Nachbargipfel im Osten gibt es eine ähnliche Begräbnisstätte. Er ist ebenfalls leicht zu besteigen. Von beiden, waldfreien Kuppen genießt man eine hervorragende Rundumsicht.

Der Abstieg zum Ibañeta-Paß beginnt am Parkplatz unterhalb des östlichen Gipfels. Durch ein Gatter treten wir auf den Fahrweg und wandern zunächst steil bergab, dann wieder sanft bergauf. Wir kommen an einem Haus vorbei; bald mündet von rechts ein Weg, den wir nicht beachten. Nach 3.30 Std. ist der **Puerto de Ibañeta** erreicht.

Gegenüber der Straße sehen wir die moderne Kapelle San Salvador, daneben befindet sich ein Parkplatz. Auf einer kleinen Kuppe hinter der Kapelle steht das Rolandsdenkmal. Am Ibañeta-Paß soll beim Rückzug Karls des Großen nach seinem kurzen Spanienfeldzug im Jahre 778 die Nachhut von Basken und Mauren überfallen und vollständig vernichtet worden sein. Dabei fiel auch der legendäre Roland (Hruotland), Graf der Bretagne. Das altfranzösische Rolandslied zu seinen Ehren entstand erst im 11. Jh. Es gilt als schönstes Gedicht des Mittelalters. Fahrende Sänger verbreiteten die Legende in ganz Europa.

Rechts hinter dem Parkplatz führt ein rot-weiß markierter Weg ins Tal hinunter. Diesem folgen wir am linken Talrand in den Wald hinein. Die Straße verläuft nun jenseits des Baches. An einer Gabelung (4 Std.) geht es rechts hinunter, wenige Minuten später an einer weiteren Abzweigung ebenfalls rechts. Schließlich treffen wir auf einen breiten Fahrweg und folgen ihm nach rechts Richtung Roncesvalles, dessen Gebäude man von hier aus schon sehen kann. Ein Tor ist zu passieren. Dann gehen wir hinter der Stiftskirche an der Klostermauer entlang links auf einem Pflasterweg weiter und kommen bald an eine Treppe, die zwischen der Kirche Santiago und dem ›Silo Karls des Großen‹ rechts hinauf zum Parkplatz von **Roncesvalles** führt (4.30 Std.).

Nach Abschluß der Wanderung lohnt eine Besichtigung des **Klosters** von Roncesvalles. Es ist bis heute eine der wichtigsten Stationen am Jakobsweg, der von Frankreich kommend auf der alten Römerstraße über den Ibañeta-Paß Richtung Pamplona und weiter nach Santiago de Compostela führt.

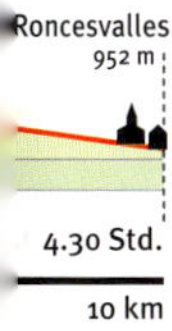

Gänsegeier

Tumuli, Cromlechs und Menhire am Wege

Den Gipfel des Lindux nimmt ein Tumulus (Hügelgrab) der Megalithkultur ein. Ähnliche **Tumuli** finden sich auch auf anderen Erhebungen der Umgebung. Es handelt sich um riesige Begräbnisstätten, in denen oft Hunderte von Toten in Steingräbern (Dolmen) bestattet wurden. Anschließend bedeckte man die Gräber mit Erde und schichtete sie zu einem flachen Hügel auf.

Der Grund für diese Erdbedekkung ist unbekannt, ebenso ungeklärt ist, ob hier nur hierarchisch hochgestellte Persönlichkeiten oder ob alle Toten im Tumuli beerdigt wurden. Vieles spricht dafür, daß die Hügelgräber zu Beginn des 2. Jh. v. Chr., also in der Blütezeit der Megalithkultur, errichtet wurden und danach bis in die keltische Zeit hinein immer wieder als Begräbnisstätte dienten.

Die bedeutendsten Tumuli befinden sich zwischen 600 und 1000 m Höhe. In höheren Lagen, wie z. B. auf dem Lindux (1220 m), findet man dagegen kleinere Tumuli, der geringeren Bevölkerungsdichte in diesen Gebieten entsprechend. Hirten, die eine Form der Wanderweidewirtschaft betrieben, bestatteten hier ihre Toten.

Der Tumulus auf dem Lindux war von einem Steinkreis umgeben, den man heute allerdings nur noch erahnen kann. Bei diesen sogenannten **Cromlechs** (von bretonisch crom = krumm, lech = Stein) handelt es sich um Opferplätze der Megalithkultur. **Menhire** (Opfersteine) wurden in einem Kreis oder Halbkreis angeordnet und dienten sehr wahrscheinlich dem Sonnenkult. Überreste von Tierknochen sprechen dafür, daß einst an diesen Stellen der Gottheit Blutopfer dargebracht wurden.

Auf den Spuren Napoleons

Von Roncesvalles auf den Gipfel des Ortzantzurieta
Diese Wanderung führt zum höchsten Berg der Umgebung von Roncesvalles, dem Ortzantzurieta, der eine hervorragende Rundumsicht bietet. Die waldfreie Gipfelregion wird von Geierschwärmen umkreist.

DIE WANDERUNG IN KÜRZE

++
Anspruch

5.30 Std.
Gehzeit

600 m
An-/Abstieg

Charakter: nach steilem Aufstieg (Orientierung stellenweise schwierig) führt ein geteerter Fahrweg zum Ortzantzurieta

Wanderkarte: Mapa Topográfico Excursionista, Roncesvalles, 1:40 000, Editorial Alpina, Barcelona

Einkehrmöglichkeit: Hotel ›La Posada‹ in Roncesvalles

Anfahrt: mit dem **Bus** von Pamplona nach Burguete (1 x tägl. abends), von dort zu Fuß oder per Taxi 3 km nach Roncesvalles; mit dem **Auto** von Pamplona auf der C 135 nach Roncesvalles; oder, von Frankreich kommend, von St-Jean-Pied-de-Port auf der D 933 bis zur Grenze bei Valcarlos und weiter auf der C 135 nach Roncesvalles (Parkmöglichkeit Hotel ›La Posada‹)

Am Parkplatz vor dem Hotel ›La Posada‹ in **Roncesvalles** geht es los. Zwischen dem ›Silo Karls des Großen‹ und der Kapelle steigen wir eine Treppe hinab, unten wenden wir uns links. Der Weg führt zunächst an der Stiftskirche und dem Kloster vorbei und dann geradeaus weiter durch ein Tor. An einem Bach halten wir uns talaufwärts. Links zweigt ein Weg in ein Nebental ab, doch wir bleiben auf dem Fahrweg.

Kurz hintereinander queren wir zweimal den Bach. Zwei kleine Nebentäler münden wenig später von links, aber wir gehen am Hauptbach weiter und überschreiten diesen noch mehrmals. Dann kommen wir an eine Tal- und **Weggabelung** (30 Min.) und folgen dort dem kleineren Bach nach rechts. Durch dicht bewaldeten Talgrund geht es aufwärts, bis wir nach wenigen Minuten eine Stelle erreichen, wo drei kleine Täler zusammentreffen. Unser Weg steigt am rechten Rand des linken, größten Tales steil an. Er ist bald nur noch als schmaler Pfad auszumachen. Später verläuft er dann auf dem Bergrücken zwischen dem linken und dem mittleren Tal weiter.

Sobald wir auf einen beinahe hangparallelen Pfad treffen, folgen wir diesem nach links, bis er sich im linken Tal verläuft. Quer durch den Wald, ein Weg ist hier nicht zu erkennen, steigen wir wiederum steil bergauf und halten uns dabei an den rechten Rand des Tälchens. Nach einem Aufstieg von etwa 30 m treffen

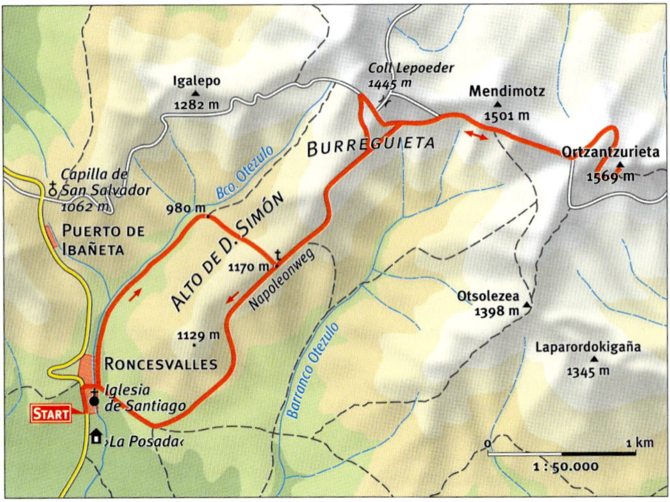

wir erneut auf einen schmalen, hangparallelen Pfad. Wir queren ihn und steigen bis auf den Bergrücken. Dabei gilt es, auf einen deutlich sichtbaren Felsen zuzuhalten.

Nach einem Aufstieg von weiteren 60 m kreuzt unser Pfad nochmals einen Weg. Er ist, wie die anderen auch, sichtlich selten begangen. Wir halten nun direkt auf die rechte Felsengruppe zu (1 Std.), gehen noch etwa 40 m geradeaus weiter und treffen dann an der jenseitigen Kante des Bergrückens auf den sogenannten **Napoleonweg,** einen regelmäßig begangenen Waldweg, der mit rot-weißen Zeichen und gelben Pfeilen markiert ist. Ihm folgen wir nach links, also bergauf.

An einer Weggabelung zeigt die gelbe Markierung nach rechts, die rot-weiße nach links. Wahlweise können beide Wege benutzt werden, da sie schon bald wieder zusammentreffen. Der rechte Weg ist schmaler und steiler. Rechts bergauf geht es anschließend weiter.

Kurz darauf wird der Blick auf die unbewaldeten Gipfel des Ortzantzurieta (rechts, mit Sendemast) und des Mendimotz (links) frei. Wir passieren die Ruine einer Steinhütte (1.45 Std.) und steigen nun wieder im dichteren Wald auf der linken Sei-

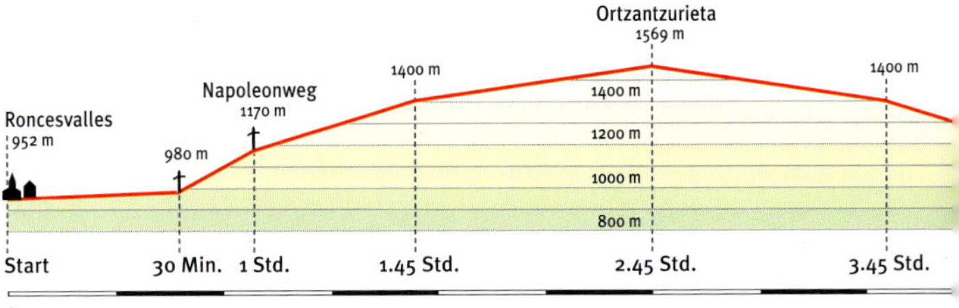

te des **Burreguieta-Rückens** steil bergauf bis zu der wenig befahrenen Teerstraße zum Ortzantzurieta. Dieser folgen wir nach rechts durch eine Heidelandschaft. Von hier oben kann man ganz Navarra überblicken. Im Vordergrund liegen Roncesvalles und Burguete.

An einer Straßengabelung (2.15 Std.) halten wir uns rechts und folgen dem schmaleren Fahrweg. Er führt hangparallel auf den Mendimotz zu. Beide Fahrwege treffen später wieder zusammen. Unterhalb des Mendimotz-Gipfels geht es geradeaus weiter.

In der Ferne sind die gezackten Formen der Zentralpyrenäen zu erkennen. Erneut gabelt sich die Straße. Wir gehen links und erreichen den Gipfel des **Ortzantzurieta** (2.45 Std.). Oben steht ein Sendemast, und die höchste Stelle (1569,8 m) ist durch einen geodätischen Vermessungspunkt markiert. Man kann hinaufklettern und die schöne Rundumsicht genießen. Jetzt ist auch deutlich zu erkennen, daß der Gipfel von einem Tumulus (s. Tour 33) gekrönt wird.

Für den Rückweg wählen wir zunächst wieder die Asphaltstraße, bis wir die Stelle erreichen, an der der rot-weiß markierte Napoleonweg kurz vor einem bewaldeten Tälchen die Straße kreuzt (3.45 Std.). Hier, auf dem **Burreguieta-Rücken,** sind wir auf dem Hinweg heraufgekommen, und jetzt gehen wir hier wieder hinunter, stets der rot-weißen Markierung folgend.

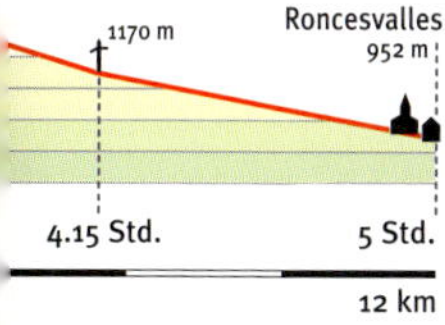

An der unteren Felsengruppe, an der wir auf dem Hinweg den Napoleonweg getroffen hatten, bleiben wir jetzt auf dem markierten Weg. Er führt über eine vorgelagerte Kuppe und dann wieder abwärts, zunächst sanft, dann steiler. Einen weiteren Weg, der von links oben kommt, lassen wir unbeachtet. 30 m danach treffen wir auf eine Gabelung. Hier gehen wir rechts weiter, gelbe Pfeile und rot-weiße Markierungen dienen zur Orientierung.

Unser Weg mündet in einen breiten Fahrweg, der bergab zum Kloster von Roncesvalles führt. Wir queren den Bach und gehen geradeaus auf ein Tor zu. Dieses passieren wir und steigen zur Kapelle hinauf. Links daneben führt eine Treppe zum Parkplatz am Hotel ›La Posada‹ in **Roncesvalles** (5 Std.) .

Der Napoleonweg

Im Jahre 1808 drangen napoleonische Truppen über die Pyrenäen nach Spanien vor, um das Land zu besetzen. Dabei benutzten sie unter anderem den als Napoleonweg bekannten Pfad bei Roncesvalles, der heute als Wanderweg gepflegt wird. Während des fünfjährigen Unabhängigkeitskrieges waren starke französische Einheiten in Roncesvalles stationiert, die zwar die Mönche respektierten, jedoch durch hohe Steuern dem Kloster erhebliche Vermögenseinbußen bescherten. Nur durch den Verkauf von Grundstükken und Mobiliar konnten die finanziellen Mittel für den Unterhalt der Truppen erbracht werden.

Tour 35

Auf den heiligen Berg

Von Ascain auf den Rhune

Ein großartiges Panorama erwartet den Wanderer vom Aussichtsberg des Baskenlandes, dem Rhune. Eine altertümliche Zahnradbahn fährt zum Gipfel. Über Farnwiesen geht es zurück nach Ascain.

DIE WANDERUNG IN KÜRZE

++ Anspruch

3 Std. Gehzeit

900 m Abstieg

Charakter: langer, steiler Abstieg; Orientierung teilweise schwierig

Wanderkarte: Carte de Randonnées 1:50 000, Pyrénées, carte n° 1: Pays Basque Ouest

Einkehrmöglichkeiten: mehrere Bars und Restaurants an der Tal- sowie Bergstation der Zahnradbahn

Anfahrt: mit dem **Zug** von Bayonne bzw. Irun nach St-Jean-de-Luz, weiter mit dem Bus (S.N.C.F., Abfahrt am Bahnhof) nach Ascain (im Juli/Aug. 4 x tägl. außer an Sonn- und Feiertagen), Bus hält auch am Col de St-Ignace, also an der Talstation der Zahnradbahn: dadurch 1.15 Std. Zeitersparnis ; mit dem **Auto** von St-Jean-de-Luz auf der D 918 nach Ascain (Parkmöglichkeit im Zentrum in der Nähe der Kirche)

Fahrzeiten: Zahnradbahn auf den Rhune: 1. Juli–30. Sept. sowie Ostern und Pfingsten: Abfahrt alle 30 Min.; im Juli/Aug. bis zu 1 Std. Wartezeit; Fahrkarten werden nicht im voraus verkauft, sondern erst nach Abfahrt des Zuges für den jeweiligen nächsten; man sollte unbedingt frühzeitig eintreffen, um dem großen Andrang der Ausflügler und Wanderer am späten Vormittag zu entgehen

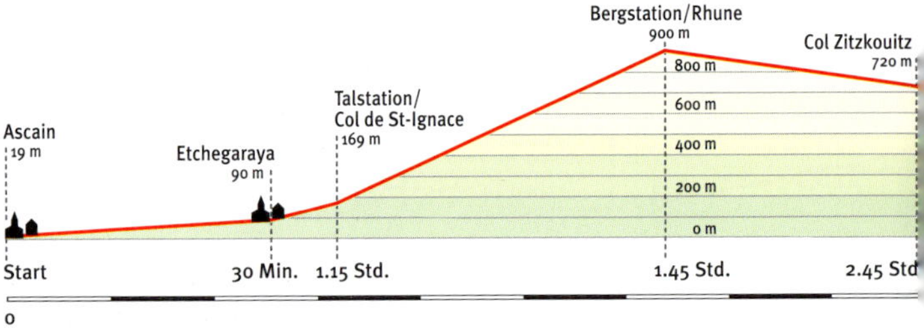

Ausgangspunkt ist die Kirche von **Ascain.** Wir wenden uns links, gehen etwa 200 m an der Straße nach Sare entlang und biegen an der nächsten Kreuzung rechts ab, dort zeigt ein Schild ›La Rhune à Pied‹ an. Aber schon nach weiteren 50 m verlassen wir den Fußweg zum Rhune und gehen einen Fahrweg links hinein. Ein Schild weist das Tal hinauf nach Etchegaraya.

Einige Minuten später passieren wir ein Gehöft und gleich darauf einen Tennisplatz. Hinter einer Brücke liegt rechts der uralte Bauernhof Haranaderrea. Später wandern wir durch eine kleine Platanenallee. Voraus sieht man schon die Häuser von Etchegaraya. Eine Abzweigung nach links beachten wir nicht. 150 m weiter, vor einem Müllcontainer, gabelt sich der Fahrweg (30 Min.). Links geht es nur zu einem Farmgelände. Wir aber halten uns rechts hinauf und folgen dem Fahrweg durch den kleinen Weiler. Der Weg steigt in einem Tälchen steiler an. Oben auf dem Berg stehen weitere Häuser. Hier geht es geradeaus weiter, also auf keinen Fall den Pfad nach rechts hinauf einschlagen!

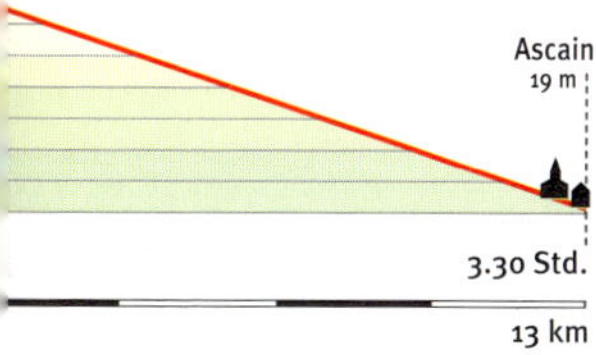

Der Asphaltweg endet bald darauf. Rechts führt an dieser Stelle eine steile Auffahrt zu einem Haus. Wir wählen jedoch den linken Feldweg, der in einen verwilderten Buchenwald führt. Nachdem ein kleines Tal

Die altertümliche Zahnradbahn ›Chemin de Fer de la Rhune‹

durchquert ist, geht es stets geradeaus auf dem breiten Weg weiter.

Nach 200 m zweigt rechts hinauf ein breiter, mit einem Gatter versperrter Weg ab. Hier wandern wir auf einem schmalen Weg links ins Gebüsch hinein. Eine weitere Abzweigung nach rechts (1 Std.) beachten wir nicht. Oben am Hang ist ein Bauernhof zu sehen, dann führt der Weg wieder in den Wald hinein. Unvermittelt tauchen zwei Häuser auf, zwischen denen unser Weg verläuft, um dahinter auf eine Straße zu treffen. Links geht es auf einen Parkplatz zu. Auf der rechten Seite liegt die Station der Zahnradbahn am **Col de St-Ignace** (1.15 Std.).

Nach halbstündiger Fahrtzeit erreicht die altertümliche Bahn die Bergstation am Gipfel des **Rhune.** Von hier aus sind es nur wenige Meter bis zum höchsten Punkt (900 m), an dem eine Orientierungstafel aufgestellt wurde. Ein Schild markiert die französisch-spanische Grenze, die genau über den Gipfel verläuft. Jenseits der Grenze haben sich einige spanische Geschäfte angesiedelt, die vor allem steuergünstige Alkoholika anbieten. Wir steigen zum unteren dieser Läden hinunter, der sich etwas abseits in östlicher Richtung befindet. Links am Haus vorbei führt ein breiter, blau-weiß markierter Weg weiter bergab. Wir passieren ein verlassenes und verbarrikadiertes Steingebäude. Dann ist der Panoramablick auf die spanische Seite des Gebirges frei. Verstreut liegen unten zwischen Hecken und Waldflecken die typischen weißen Baskenhäuser mit den roten Dächern.

Der holprige Fahrweg verläuft nun im Bogen steil bergab zum **Col Zizkouitz,** einem Sattel vor einer kleinen Kuppe (1.45 Std.). Rechts des Weges steht ein Grenzstein, und an dieser Stelle zweigen mehrere schmale Pfade ins Farngebüsch hinein ab. Auf dem ganz rechts gelegenen Pfad kommen wir nach wenigen Metern an einem niedrigen Steinkreuz vorbei. Nun wieder auf französischer Seite, führt der Pfad am Hang des Rhune entlang auf eine kleine Lebensbaumpflanzung zu und geradeaus in den Wald hinein. Wenig später ist eine kleine Kuppe erreicht, hier stehen links des Weges an einer Felsengruppe die Ruinen eines Hirtenunterstandes. Von hier aus geht es steil bergab. Wir queren ein Bachbett und gelangen über eine Farnwiese auf einen breiten Weg (2.15 Std.).

Diesem Weg folgen wir etwa 200 m nach links hinunter bis zu einer weiteren Lebensbaumgruppe. Dort zweigen zwei Pfade nach rechts ab. Wir wählen den linken und überqueren eine Farnwiese. Ein schmales Rinnsal wird überschritten, und auf der anderen Seite geht es durch einen kleinen Wald weiter. Dahinter führt der Pfad steil bergab und quert einen weiteren Bach. Zurückblik-

DUMONT *aktiv*

Die neuen Wanderführer für Aktive: Zu den schönsten Wanderzielen Europas

Alle Informationen zu jeder Wanderung auf einen Blick: Charakter und Anspruch, Dauer und Länge, An- und Abstiege, Ausrüstung und Einkehr unterwegs, Anfahrt mit Auto und öffentlichen Verkehrsmitteln.

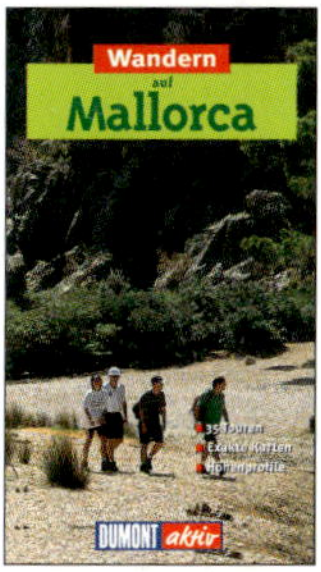

Die Karten für jede Wanderung sind in enger Abstimmung mit der Wegbeschreibung erstellt worden. Das Resultat: praktisch, exakt und übersichtlich.

Höhenprofile: Geht's bergauf oder bergab, ist die Tour lang oder kurz? Farbige Höhenprofile zu jeder Wanderung lassen keine Frage offen.

Mit zuverlässigen und detaillierten Wegbeschreibungen für die Durchführung der Touren.

Zahlreiche farbige Abbildungen machen Appetit auf das Naturerlebnis und wecken die Vorfreunde – und was unterwegs besonders auffällt, wird am Ende des Textes vorgestellt und erklärt.

Weitere Informationen über die Titel der Reihe DUMONT aktiv erhalten Sie bei Ihrem Buchhändler oder beim DUMONT Buchverlag • Postfach 10 10 45 • 50450 Köln
Besuchen Sie uns im Internet: http://www.dumontverlag.de

Abbildungsnachweis

Rosemarie Dohmen, Düsseldorf S. 26
Till Gottbrath, Wiesbaden S. 6
Georg Jung, Hamburg S. 11 beide, 108/109, 113, 118, 136, 138
E. Kuchling/Save-Bild, Augsburg S. 2, 13 links
Susanne Lipps, Düsseldorf Umschlagrückseite beide, S. 8, 9, 30, 49, 53, 81, 94, 122, 126
Volker Lipps, Düsseldorf S. 10, 19, 27, 59, 63, 66, 69, 72, 84 beide, 87, 103, 105
Martin Thomas, Aachen Titelbild, S. 1, 14/15, 22, 38, 73, 97
Transglobe, Hamburg S. 35
Visum, Hamburg S. 112
W. Wisniewski/Save-Bild, Augsburg S. 12
K. Wothe/Save-Bild, Augsburg S. 13 rechts, 130

Impressum

Titelbild: Wanderweg in den Cirque de Gavarnie

Über die Autorin: Susanne Lipps, geboren 1957, studierte Geographie, Geologie und Biologie; Promotion 1985. Sie ist freiberuflich als Lektorin und Reisebuchautorin tätig. Die Pyrenäen lernte Frau Dr. Lipps bei zahlreichen Aufenthalten als Studien-Reiseleiterin kennen, die sie vor allem nach Portugal, Spanien und Frankreich führten. Bei DuMont erschienen von ihr ›Extra Fuerteventura‹, die Reise-Taschenbücher ›La Palma‹ und ›Madeira‹, ›Richtig Wandern: La Palma, Gomera, Hierro‹ und ›aktiv: Wandern auf Mallorca‹.

Die deutsche Bibliothek – CIP-Einheitsaufnahme

Wandern in den Pyrenäen / Susanne Lipps. – Köln:
DuMont 1999
DuMont aktiv
ISBN 3-7701-4772-3

Graphisches Konzept: Groschwitz, Hamburg

Druck: Rasch, Bramsche
Buchbinderische Verarbeitung: Bramscher Buchbinder Betriebe

ISBN 3-7701-4772-3